財務会計入門

第6版

田中建二【著】
Tanaka Kenji

Financial Accounting

中央経済社

第６版　序　　文

本書の第５版が刊行されてからおよそ３年が経過しましたが，その間に多くの会計基準等が改訂されたり，新しい会計基準等が公表されました。とりわけ，「収益認識に関する会計基準」については，日本基準を国際的な会計基準と整合的なものにするために，国際財務報告基準（IFRS）第15号「顧客との契約から生じる収益」を全面的に受け入れたものであることが注目されます。

また，IFRSを任意で適用する日本企業が一段と増えています。日本取引所グループの調査によると，2020年12月現在，IFRSをすでに適用している企業が218社，IFRS適用を決定している企業が11社，合計229社となります。なかでも，これまで長年にわたり米国会計基準を適用していたトヨタ自動車が，2021年３月期第１四半期からIFRSに変更したことは，国際的にもIFRSが優勢になりつつあることを象徴しているかのようです。

そこで，こうした最新の状況を踏まえて，本書も改訂作業を行い，第６版として刊行することになりました。主な修正箇所は，第９章第４節の「収益認識に関する会計基準」です。新しい収益認識基準の要点をわかりやすく解説しています。

コロナ禍で気分がすぐれないにもかかわらず，なんとか改訂作業をやり遂げられたのは，ひとえに中央経済社学術書編集部編集長の田邉一正氏の温かい励ましと辛抱強いご支援のおかげです。ここに改めて感謝の意を表します。

2021年２月

田　中　建　二

序　文

本書は，簿記をある程度学んだ後に，次のステップとして財務会計を学ぼうとする学生，および，簿記と財務会計を同時平行的に学ぶ学生を主な対象とした教科書です。内容的には，初級から中級にかけてのレベルです。

最近の大学は半期制を採用しているところが多いようですので，1回の授業で1章ずつとして半期で13回の授業を想定して，13章立てとなっています。

本書は，『財務会計入門』という書名が示すとおり，財務会計の基本的な知識を身に付けることを目標としています。本書の前半部分は，財務会計の基本的な領域を扱っています。

さらに，読者の関心を喚起するため，最近新聞などでも話題として取り上げられた問題，たとえば，税効果会計，企業結合会計，連結財務諸表などが，本書の後半部分に含まれています。

本書の特徴は，できるだけ理解しやすいように，図表や設例が多く用いられていることです。文章だけではわかりにくいことも，図解することによって全体像をある程度捉えやすくしています。また，設例を解くことによって，具体的にどのように仕訳するのかがわかります。

各章の末尾には，「考えてみよう・調べてみよう」という演習問題が付いています。各章の本文を読み返すことによって解ける復習問題と，インターネットなどを利用して自ら調べてみる応用問題から構成されています。それぞれの実力や意欲に応じて挑戦してみましょう。

本書を通じて財務会計を学ぶ楽しみを多少なりとも味わってもらえれば幸いです。

本書は，もともと，中央経済社の秋山宗一氏の企画によって生まれたものです。その後，編集業務を引き継がれた竹内伸介氏の粘り強いご支援により，ようやく本書が完成しました。両氏に対して心から感謝の意を表します。

2007年４月

田　中　建　二

目　次

第1章 財務会計の基礎

本章では，会社法，金融商品取引法，および法人税法という３つの法律によって支えられた会計制度について学びます。また，経済のグローバル化を背景に，会計基準の国際的統合への動きも重要なポイントです。

第１節◆会計とは何か

1　会計の役割

企業は，ウェブサイトなどを通じてさまざまな情報を発信しています。たとえば，顧客向けの商品・製品情報，就職活動を行っている学生向けの採用情報，株主や投資家向けの財務情報などがあります。

財務情報の中心は，**貸借対照表**や**損益計算書**などの**財務諸表**（financial statements）です。企業が作成する財務諸表は，企業が行った取引やその結果を，企業に利害関係を持つ人たちが把握できるように整理要約したものです。こうした財務諸表を作成する技術は会計（accounting）と呼ばれます。

英語のaccountingは，元来，account for「説明する」という意味です。すなわち，会計とは，企業の財務的な側面を説明することです。もともと，人が他人に財産の管理運用を委託した場合に，委託を受けた人（受託者）が委託をした人（委託者）に対して，その管理運用の結果を説明するための手段として会計は発達してきたのです。

2 「ビジネスの言語」としての会計

古くから，会計は「ビジネスの言語」(language of business) と呼ばれてきました。会計が「ビジネスの言語」として経済社会に定着しているのは，企業が行うさまざまな活動や複雑な事象を，会計がたった1組の財務諸表に簡潔に要約する表現能力をもっているからです。

もし企業活動の記録を日記のように日常の言葉で書き表すとしたら，それは膨大な量の資料になってしまい，企業が今どのような状態であるのかをすぐに把握することなどとても不可能です。これに対して，会計は企業の財務状況を数枚の財務諸表にまとめてしまうことができるのです。すなわち，会計は，一目でわかるいわば鳥瞰図（ちょうかんず）を描くことができるがゆえに，ビジネスの世界で活躍するために必要な言語といわれているのです。

日常の言語に文法があるように，「ビジネスの言語」である会計にもさまざまな規則があります。会計は，とかく無味乾燥な数字と規則の集合のように考えられがちですが，その数字や規則の背後には企業をめぐる錯綜（さくそう）した利害関係が隠されています。

3 財務会計と管理会計

会計は，企業活動の財務的な側面に関する情報を提供する道具です。企業の行う会計は，情報の提供先によって2つに大別されます。企業内部の経営者や管理者に対して，経営管理に役立つ情報を提供することを目的とした会計は，**管理会計** (managerial accounting) と呼ばれています。これに対して，投資者や債権者などの企業外部の利害関係者に対して，企業の財務状況に関する情報を提供する会計は，**財務会計** (financial accounting) と呼ばれています。本書が取り上げるのは，この財務会計です。

図表１－１　会計の種類

会　計
- 財務会計……外部報告のための会計
- 管理会計……経営管理のための会計

4　財務会計の目的

企業が外部の利害関係者に対して財務情報を提供する目的としては，次のような２つが考えられます。

(1)　会計責任を遂行するため
(2)　意思決定に有用な情報を提供するため

人が他人に財産の運用を委託した場合，受託者は，受託した財産をどのように運用し，どれだけの成果を上げたのか，その結果を委託者に説明する義務を負います。これを**会計責任**（accountability）といいます。株式会社でいえば，経営者が株主に対して，株主が提供した資金をいかに運用してどれだけの成果を上げたのかを説明する責任のことです。こうした説明をするための手段として，財務諸表等が用いられます。

投資者や債権者は，企業に資金を提供するかどうか，あるいは提供した資金を引き揚げるかどうかの意思決定をするために，企業の財務状況に関する情報を必要とします。こうした意思決定に必要な情報を提供することが，財務会計のもう１つの目的です。

第２節◆会計制度

企業は，さまざまな情報を自発的に発信しています。したがって，企業の財務状況に関する情報の開示も企業の自主性に任せるべきであるという見方もあります。しかし，企業にとって良い情報は進んで開示するとしても，悪い情報は隠してしまう場合も少なくありません。また，企業が開示する情報が適正なものなのかどうかを外部の利害関係者が判断できるとは限りません。

そこで，法律によって企業に対して強制的に情報を開示させることも必要です。また，情報の信頼性を確保する手立ても必要となります。現在の会計制度は，会社法，金融商品取引法，および法人税法という3つの法律による規制から成り立っています。

図表1-2　3つの法律による会計規制

法　律	理　念	会計に関する規則
会　社　法	株主と経営者の利害調整，債権者の保護	会社計算規則など
金融商品取引法	投資者保護	財務諸表等規則など
法　人　税　法	課税の公平性	法人税法施行令など

1　会社法の会計規制

会社には，合名(ごうめい)会社，合資(ごうし)会社，合同(ごうどう)会社，および株式会社の4種類があります。会社の出資者である構成員は，社員と呼ばれます。法律用語では，社員とは会社で働く従業員のことではありません。4種類の会社は，それぞれの社員がどのような責任を負っているのかなどを基準に区別されます。

図表1-3　会社の種類と社員の責任

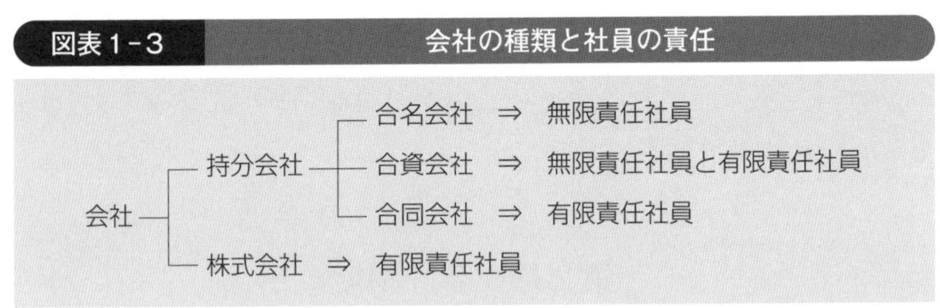

合名会社は，無限責任社員（会社債権者に対して無限の連帯責任を負う社員）のみからなる会社です。**合資会社**は，無限責任社員と有限責任社員からなる会社です。**合同会社**は，有限責任社員のみからなる会社です。会社法では，これ

ら3つの会社を併せて持分会社と呼んでいます。これらの**持分会社**は，社員間の人的な関係を基礎として，比較的小規模で閉鎖的な企業活動を行うことが想定されています。

これに対して，**株式会社**は，より広く多額の資金を集め，大規模な企業活動を行うことが想定されています。このため，株式会社の特徴としては，①社員である株主は有限責任であること，②株式を自由に譲渡できること，③所有と経営が分離していること，が挙げられます。

以上のように，会社には4つの種類がありますが，今日の経済社会で最も重要な役割を果たしているのは，株式会社です。株式会社には多くの利害関係者が存在するので，とくに株主と経営者の利害調整や債権者保護の観点から，計算や開示に関する詳細な規定が設けられています。

図表1-4　近代的株式会社制度の発達

近代的株式会社制度の発達	株主の有限責任制	⇒	債権者の保護		
	資金調達の巨大化	⇒	証券市場の発達	⇒	投資者の保護
	専門経営者の出現	⇒	所有と経営の分離	⇒	株主と経営者の利害調整

株主の有限責任制により，会社が倒産しても株主は自分が出資した額以上の責任は負いません。したがって，債権者は株主の私的財産を当てにすることはできず，債権回収の担保となるのは会社の財産のみです。もし会社の財産が剰余金の配当として無制限に流出すれば，債権者の利益は著しく損なわれます。そこで，会社法は，債権者の利益を保護するために，剰余金の配当に対して**分配可能額**の範囲内という制限を課しています。分配可能額による規制については，本書の第8章「純資産の会計」で詳しく説明します。

株式会社では，広く出資を募り大規模な企業活動を行うことが想定されています。大規模な企業活動を行うには，どうしても専門の経営者が必要となります。すなわち，株式会社では，会社を所有する人（株主）と実際に経営をする人（経営者）とが分かれてきます。これが，所有と経営の分離です。

経営者は，株主から委託された資金を誠実に管理運用する責任を負っています。しかし，経営者が必ずしも常に株主の利益のために行動するとは限りません。経営者が受託した業務を忠実に行わなかったり，経営者自らの利益を優先するリスクもあります。また，経営者が業務の遂行の結果を正直に報告しないリスクもあります。そこで，会社法は，株主が経営者を監視できるように，経営者に対して，受託責任の遂行状況を株主に報告することを求めています。

株式会社は，適時に正確な**会計帳簿**を作成し，10年間にわたって会計帳簿および事業に関する重要な資料を保存しなければなりません（会社法第432条）。また，株式会社は，各事業年度において**計算書類**（貸借対照表，損益計算書等）および**事業報告**，ならびにこれらの**附属明細書**を作成しなければなりません（会社法第435条）。計算書類の記載方法については，法務省令の会社計算規則で規定されています。

さらに，計算書類等は監査役または会計監査人の**監査**を受けなければなりません（会社法第436条）。**会計監査人**とは，**公認会計士**または**監査法人**のことです。とくに大会社（資本金５億円以上または負債200億円以上の株式会社；会社法第２条第６号）は，会計監査の専門家である会計監査人による監査を受けなければなりません（会社法第328条）。経営者が自ら作成した計算書類の妥当性をいくら主張しても，外部の利害関係者はそれをそのまま信じるわけにはいきません。昔から，「自己証明は証明にあらず」といわれます。そこで，独立の職業専門家である公認会計士または監査法人による監査が要求されているのです。

監査を受けた計算書類は，定時株主総会に提出され，総会の承認を得て確定されます（会社法第438条）。なお，会計監査人を設置している会社のうち一定の要件を満たす会社では，計算書類の定時株主総会での承認は不要で取締役会で確定できます。ただし，その場合には，取締役は計算書類の内容を定時株主総会で報告しなければなりません（会社法第439条）。

会社法は，計算書類等の開示について，次のような３つの方法を定めています。

第1は，定時株主総会の2週間前までに株主へ発送する総会招集通知に計算書類等を添付することが要求されています。これは，現在の株主に対する直接開示です。

第2は，定時株主総会の2週間前から計算書類等を本店には5年間，支店にはその写しを3年間備え置くことを要求しています。株主と債権者は，営業時間内にこれらの計算書類等を閲覧することができます。これは，株主と債権者に対する間接開示です。

第3は，定時株主総会が終了し，計算書類が確定したら遅滞(ちたい)なく決算公告を行うことが求められています。大会社は貸借対照表と損益計算書，その他の株式会社は貸借対照表の公告が求められています。なお，決算公告の方法としては，①官報に掲載する方法，②日刊新聞紙に掲載する方法，③電子公告，の3つが認められています。これは，不特定多数の人々に対する開示です。

このように，会社法や会社計算規則には，計算や開示について多くの規定がありますが，具体的な会計処理に関する規定は必ずしも多くありません。会社法は，「株式会社の会計は，一般に公正妥当と認められる企業会計の慣行に従うものとする。」（会社法第431条）と定め，会計慣行に委ねています。

2　金融商品取引法の会計規制

金融商品取引法は，1948年に制定された証券取引法を改正してその名称を変更したものです。それまでの証券取引法は，米国の1933年証券法および1934年証券取引所法を採り入れて，「有価証券の発行および売買その他の取引を公正にし，かつ有価証券の流通を円滑にすることを目的とし，もって国民経済の適切な運営と投資者の保護に資する」ために制定されたものでした。

これに対して，金融商品取引法は，有価証券の取引だけでなく，さまざまな金融商品の取引も幅広く規制の対象としています。

金融商品取引法は，「有価証券の発行および金融商品の取引等を公正にし，有価証券の流通を円滑にするほか，資本市場の機能の十全な発揮による金融商品の公正な価格形成等を図り，もって国民経済の健全な発展および投資者の保護に資することを目的とする。」（第１条）と規定しています。これらの目的を実現するために，企業内容の開示（ディスクロージャー）が重要な役割を果たします。

有価証券の取引においては，証券を発行する会社と買い手である投資者との間には証券の内容（すなわち会社自体）に関してかなりの情報格差があります。そこで，投資者が不公正な取引によって損害を被（こうむ）らないように，会社に適正かつ適時な情報を開示させることによって，投資者を保護しようとするのです。

すなわち，**投資者保護**とは，有価証券の価値自体を保証することではなく，投資者自らが有価証券の価値について合理的な判断を下せるように，十分な情報を会社に開示させることによって，投資者を保護しようとすることを意味しています。さらに，個々の投資者の意思決定が合理的に行われるならば，市場全体の効率性も高まり，国民経済の健全な発展に資することにもなります。

金融商品取引法による開示規制は，有価証券の発行市場における規制と流通市場における規制に分けられます。

図表１-５　金融商品取引法による開示規制

- 発行市場 ⇒ 有価証券届出書（とどけいでしょ），目論見書（もくろみしょ）
- 流通市場 ⇒ 有価証券報告書，四半期報告書など

発行市場における開示は，会社が新規に有価証券を発行して資金調達を行う場合に要求される情報の開示です。すなわち，会社は総額１億円以上の有価証券を50名以上の者に対して募集または売り出しをする場合には，有価証券届出書を内閣総理大臣に提出するとともに，その写しを証券取引所などに提出しなければなりません（金融商品取引法第４条）。

有価証券届出書には，発行する証券の種類，発行数，発行価格等の発行条件，手取金の使途，企業情報などが記載されます。企業情報の中の「経理の状況」には財務諸表が含まれます。

さらに，会社は，この有価証券届出書の記載内容と実質的に同じ内容の目論

見書を作成して，投資者に交付しなければなりません（金融商品取引法第13条）。

流通市場における開示は，流通市場で証券投資を行う投資者の投資判断に資するために，一定の会社に対して要求される継続開示です。すなわち，①証券取引所に上場（じょうじょう）している会社，②有価証券届出書を提出した会社，および，③資本金５億円以上で，最近５事業年度末のいずれかの株主数が1,000名以上の会社は，毎決算期経過後３ヵ月以内に有価証券報告書を内閣総理大臣に提出しなければなりません（金融商品取引法第24条）。提出された有価証券報告書は，財務局，取引所などで公開されます。また，**EDINET**（Electronic Disclosure for Investors' Network：金融商品取引法に基づく有価証券報告書等の開示書類に関する電子開示システム）によりインターネット上で誰でも閲覧できます。

有価証券報告書には，企業の概況，事業の状況，設備の状況，経理の状況などが記載されます。「経理の状況」には，財務諸表等の財務書類が含まれます。

さらに，上場会社には2008年４月１日以後開始する事業年度から，**四半期（しはんき）報告書**の開示も要求されています。これまでは，半期報告書が要求されていましたが，企業業績をより適時に開示させる四半期報告書が導入されました。四半期報告書は，３ヵ月ごとに会社の財務状況を適時に報告するため，当該期間経過後45日以内に内閣総理大臣に提出される書類です。

上述した有価証券届出書や有価証券報告書などに含まれる財務諸表については，公認会計士または監査法人による監査が義務づけられています（金融商品取引法第193条の２）。また，開示情報の適正性を確保するために，2008年４月からは，上場会社には，有価証券報告書の記載内容が法令に基づき適正であることを確認した旨の**確認書**を，さらに，内閣府令に定めるところにより内部統制報告書を内閣総理大臣に提出することが求められています（金融商品取引法第24条の４）。

金融商品取引法が要求する**内部統制報告書**は，財務報告の信頼性を確保するための手続きを文書化し，経営者がその有効性を評価した報告書であり，公認会計士または監査法人の監査を受けなければなりません（金融商品取引法第193条の２第２項）。

有価証券報告書等に含められる財務諸表の作成方法については，内閣府令の「財務諸表等規則」，「連結財務諸表規則」などに定められていますが，形式的な面が多いようです。具体的な会計処理方法については，会社法と同様に，「この規則において定めのない事項については，一般に公正妥当と認められる企業会計の基準に従うものとする。」（財務諸表等規則第１条）とされ，会計基準に委ねられています。

３　法人税法の会計規制

法人税は，法人の所得に課される税金です。税金の金額は，法人の所得金額に一定の税率を乗じて算出されます。 法人税法は，この課税所得の計算について規定しています。**課税所得**は，益金（えききん）の額から損金（そんきん）の額を差し引いて算出されます。**益金**は会計上の収益に，**損金**は会計上の費用に，それぞれほぼ対応します。

課税所得計算	⇒	課税所得	＝	益金	－	損金
会　　　　計	⇒	純利益	＝	収益	－	費用

しかし，課税所得と会計上の利益は必ずしも同じにはなりません。それは，税法と会計では目的が異なるからです。すでに見たように，会計が投資者や債権者などに対して会社の経営成績や財政状態に関する有用な情報を提供することを目的としているのに対して，法人税法は納税者間の課税の公平性や簡便性の確保を重視することから，両者の間には差異が見られます。また，法人税法は，課税の公平性を理念としていますが，国の経済政策の一環として，特定の業界などに対して優遇策を講じる場合もあります。

そこで，両者の目的が異なることから，課税所得と会計上の利益もその分だけ異なることになります。実は，法人税法は，会計と異なる部分だけを規定しているのです。法人税法では，「別段の定めのある事項」以外の益金および損金については，「一般に公正妥当と認められる会計処理の基準」に従うこととされています（法人税法第24条第４項）。

また，法人税法は，**確定決算主義**という仕組みを採用しています。これは，課税所得計算において，株主総会での承認または報告により確定された損益計算書の税引前当期純利益を出発点として，それに法人税法で定めた調整項目をプラスマイナスして課税所得を算定するという方式です。

税引前当期純利益 ± 調整項目 ＝ 課税所得

この方式では，損益計算書であらかじめ費用として計上されていなければ，課税所得計算でも損金としては認められない場合が多いことになります。その結果，会社は，課税所得計算上不利にならないように，法人税法上認められる損金算入限度額いっぱいの金額で費用を損益計算書に計上することを選択しがちです。すなわち，確定決算主義の下では，法人税法の規定に従った会計実務になりやすい傾向がみられます。

なお，法人税法と会計との関係については，本書の第10章「税効果会計」で詳しく取り上げます。

第３節◆会計基準

１　一般に公正妥当と認められる企業会計の基準

企業の取引や事象を貨幣額で記録・計算し，その結果を財務諸表として利害関係者に報告するために，会計には多くの規則があります。これらの規則は，企業間の比較を可能にするため，あるいは，経営者の恣意的な操作を防止するために，社会的にある程度統一する必要があります。

前節で述べたように，現在の日本の会計制度は，会社法，金融商品取引法，および法人税法という３つの法律による規制から成り立っていますが，いずれの法律においても，具体的な会計の規則については，「**一般に公正妥当と認められる企業会計の基準**」に委ねられています。会社法では，「一般に公正妥当と認められる企業会計の慣行」という用語が，また，法人税法では，「一般に公正妥当と認められる会計処理の基準」という用語が用いられていますが，いずれも同様の意味です。

会計の規則は，かつては**会計原則**（accounting principles）と呼ばれていましたが，最近ではむしろ**会計基準**（accounting standards）と呼ばれています。「一般に公正妥当と認められる企業会計の基準」とは，公正妥当な会計基準として社会的に承認されていることを意味します。こうした会計基準に従って作成された財務諸表は，企業の財務状況を適正に表示していると認められます。また，財務諸表の監査においても，財務諸表が「一般に公正妥当と認められる企業会計の基準」に準拠して作成されているかどうかが重要なチェック・ポイントとされます。

それでは，このような「一般に公正妥当と認められる企業会計の基準」とは，具体的にどのような会計基準を指すのでしょうか。

2　企業会計原則

「一般に公正妥当と認められる企業会計の基準」の中核をなすものとして，**企業会計原則**があります。企業会計原則は，1949年に，当時の経済安定本部に設置された企業会計制度対策調査会によって設定されたものです。企業会計原則は，第二次世界大戦により荒廃した国民経済の復興をめざして，企業会計制度を改善・統一することを目的としたものでした。内容的には，当時の米国の会計原則を参考にしてまとめられたものといわれています。

企業会計原則は，一般原則，損益計算書原則および貸借対照表原則から構成され，さらに注解が付されています。一般原則として，真実性の原則，正規の簿記の原則，資本と利益の区分の原則，明瞭性の原則，継続性の原則，保守主義の原則，単一性の原則，重要性の原則が挙げられています。それぞれの内容については，企業会計原則の本文にあたって確認してみましょう。

企業会計原則は，長年にわたり，会計実務の指針として活用されるとともに，会計関連の諸法令の改正に際しても大きな影響力を発揮してきました。また，会計教育の面においても，企業会計原則は学習者のバイブルとして重要な役割を果たしてきました。

その後，企業会計制度対策調査会の跡を継いだ**企業会計審議会**が，50年以上にわたって，企業会計原則の数次にわたる改正や数多くの個別のテーマごとの会計基準の設定を行ってきました。

3　企業会計基準委員会

2001年7月に，民間の会計基準設定機関として**企業会計基準委員会**（Accounting Standards Board of Japan；ASBJ）とその運営母体である**公益財団法人財務会計基準機構**が設立されました。この企業会計基準委員会が，これまでの企業会計審議会に代わって会計基準を整備する役割を担うことになりました。

従来の企業会計審議会は，政府の審議会で非常勤の委員から構成されており，経済情勢の激しい変化に即応できないと指摘されていました。また，会計基準の国際的な統合をめざす**国際会計基準審議会**（International Accounting Standards Board；IASB）が，各国の民間の会計基準設定機関と連携して活動することになりました。こうした活動に日本も積極的に参加するために，民間の会計基準設定機関を設ける必要があったのです。

企業会計基準委員会は，**企業会計基準**，**企業会計基準適用指針**および**実務対応報告**という3種類の文書を公表しています。これらの文書はすべて，金融庁のガイドラインにおいて，金融商品取引法上の「一般に公正妥当と認められる企業会計の基準」として取り扱うべきものとされてきました。さらに，2009年12月11日付けで，公益財団法人財務会計基準機構が設置した企業会計基準委員会において作成された企業会計の基準が「一般に公正妥当と認められる企業会計の基準」に該当する旨の規定が新設されました（金融庁告示第69号，第70号）。

4　会計基準の国際的統合

①　国際的統合に向けた歩み

世界に眼を転じると，国際的に会計基準を統一しようとする動きが急速に強まっています。会計基準の国際的統合に向けた活動は，国際会計基準審議会の前身である**国際会計基準委員会**（International Accounting Standards Committee；IASC）が設立されたときから始まりました。1973年６月，先進10ヵ国の職業会計士団体により，会計基準の国際的調和化を目的として，国際会計基準委員会が設立されました。日本公認会計士協会も当初からのメンバーでした。しかし，民間団体の集まりで，強制力もないことから，当初はあまり注目されませんでした。各国の要請を受け入れて，多くの代替的な会計処理を認めたため，会計基準の国際的調和化という目的は達成されなかったのです。

1987年に，各国の証券市場を監督する機関の集まりである**証券監督者国際機構**（Internationl Organization of Securities Commissions；IOSCO）が国際会計基準委員会の諮問（しもん）グループに参加してから，状況は一変しました。国際会計基準委員会は，証券監督者国際機構の支援を受けて，包括的な**国際会計基準**の完成

図表１-６　会計基準の国際的統合に向けた歩み

1973年	国際会計基準委員会（IASC）の設立
1987年	証券監督者国際機構（IOSCO）の参加
2001年	国際会計基準審議会（IASB）への改組
2002年	IASBと米国の財務会計基準審議会（FASB）の会計基準の統合に向けた合意成立
2005年	EU内の上場企業に対して国際財務報告基準に準拠した連結財務諸表の作成の要求
2007年	企業会計基準委員会とIASBは，2011年６月末までに会計基準を全面的に共通化することで合意（東京合意）
2007年	米国の証券取引委員会（SEC）は，SECに登録する外国企業に対して，国際財務報告基準の採用を認める。
2008年	米国のSECは，米国企業にも国際財務報告基準を容認する案を提示
2009年	日本の企業会計審議会は，国際財務報告基準受け入れのロードマップ案を公表 日本の金融庁は，一定の企業の連結財務諸表に対して2010年３月期から国際財務報告基準の任意適用を認める。
2011年	日本の金融担当大臣が，国際財務報告基準の導入延期を示唆する談話を発表
2013年	日本の企業会計審議会は，国際財務報告基準の任意適用要件の緩和と日本版IFRSの開発を提言

をめざしました。2000年には，証券監督者国際機構が国際会計基準の利用を承認しました。さらに，2001年２月には，欧州委員会がヨーロッパ連合（EU）のすべての上場企業が遅くとも2005年までに国際会計基準に準拠すべきことを承認しました。

2001年１月に，国際会計基準委員会は，会計基準の国際的統合をめざして，各国の会計基準設定機関とより緊密に連携するため，国際会計基準審議会に改組されました。国際会計基準審議会は，15名の専門家から構成され，ロンドンを拠点として活動しています。国際会計基準審議会の目的は，投資者に対して質の高い，比較可能な，透明性のある情報を提供するため，各国の機関と連携して，１組の会計基準を作成することにあります。

現在，国際会計基準審議会が中心となって，会計基準の国際的統合が進められています。国際会計基準審議会が作成する基準は，かつては国際会計基準と呼ばれていましたが，最近新たに設定された基準は，**国際財務報告基準**（International Financial Reporting Standards ; IFRS）と呼ばれています。

②　会計基準の国際的統合のメリットとデメリット

会計基準を国際的に統合することのメリットは，財務諸表の作成者も利用者もコスト負担が少なくなることです。作成者側にとっては，１つの財務諸表で世界中のどこででも資金調達が可能となり，各国ごとに異なる財務諸表を作成せずに済みます。利用者側にとっては，財務諸表の比較が容易になるというメリットがあります。

国際的統合のデメリットとしては，各国の法制度や企業文化の違いを無視して統合しても，比較可能な情報は生まれないということが主張されています。また，国際財務報告基準の内容が一部の特定の国によって決定されてしまい，各国の主張が十分に反映されないことも懸念されています。

③　米国の動向

2002年10月，国際会計基準審議会と米国の**財務会計基準審議会**（Financial

Accounting Standards Board；FASB）は，会計基準の統合化（convergence）に向けての覚え書きを交わしました。これまで会計基準の国際的統合に距離を置いていた米国も，新興国や東欧諸国で国際財務報告基準の採用が増加していることやEUが国際財務報告基準の採用を決定したことなどから，積極的に関わることになりました。

2007年11月には，米国の証券取引委員会（Securities and Exchange Commission；SEC）が，SECに登録する外国企業に対して，国際財務報告基準に準拠した財務諸表を差異調整表なしで受け入れることを表明しました。さらに，SECは，2008年８月に，2011年までに米国企業についても国際財務報告基準の採用を認めるかどうかの判断を行うとの方針を示していましたが，その後，国際財務報告基準の採用に関する決定は先送りされています。

④　日本の動き

日本の会計基準設定機関である企業会計基準委員会（ASBJ）も，国際会計基準審議会（IASB）および財務会計基準審議会（FASB）とそれぞれ会計基準の統合に向けた共同プロジェクトを進めてきました。2007年８月には，ASBJとIASBの間で2011年６月末までに会計基準を全面的に共通化することで合意されました。これは「東京合意」と呼ばれるもので，EUによる同等性評価で指摘された差異については2008年までに，その他の差異については2011年６月末までに解消するというものでした。

日本の最近設定された会計基準の多くは，こうした国際的な会計基準の統合の影響を受けています。

金融庁は，2008年９月に，国際財務報告基準の導入に向けた本格的な検討に入るとことを正式に表明しました。その後，2009年６月30日には，企業会計審議会から「我が国における国際会計基準の取扱いに関する意見書（中間報告）」が公表されました。そこでは，上場企業の連結財務諸表に国際財務報告基準を強制適用するかどうかの判断の時期を2012年を目途とするという方針が示されましたが，その後判断は先送りされています。また，「中間報告」では，2010

年３月期から，国際的な財務・事業活動を行っている上場企業の連結財務諸表に，国際財務報告基準の任意適用を認めることが適当であるとされました。

これを受けて，金融庁は，2009年12月11日付で「連結財務諸表規則」を改正し，一定の条件を満たした企業（特定会社）は，国際財務報告基準（指定国際会計基準）により作成した連結財務諸表を提出することを認める規定を盛り込みました。なお，ここでいう指定国際会計基準とは，「国際財務報告基準財団が設置した国際会計基準審議会において作成が行われた企業会計の基準であって，国際会計基準審議会の名において公表が行われたもの」であることが金融庁告示第69号（2009年12月11日，最終改正2020年７月10日）で明らかにされました。

その後，2011年６月に当時の金融担当大臣による国際財務報告基準の導入延期を示唆する談話が発表されて以来，制度改革の動きは一時頓挫（とんざ）していましたが，2013年６月19日に，企業会計審議会から「国際会計基準（IFRS）への対応のあり方に関する当面の方針」が公表されました。そこでは，IFRS策定への日本の発言権を確保するためにIFRS適用企業を増やすことが必要であることから，IFRS任意適用要件を緩和することと，IFRSを日本企業に適するように一部修正した日本版IFRS（修正国際基準）を開発することが提言されました。

すでに，2013年10月28日付けの内閣府令第70号「連結財務諸表の用語，様式及び作成方法に関する規則等の一部を改正する内閣府令等」により任意適用要件の緩和が図られています。また，IFRSを一部修正した修正国際基準も2015年6月30日に公表されています。

以上のように，現在では，日本基準，純粋なIFRS，修正国際基準，米国基準の４つが並存しています。さらに，中小企業向けに公表された「中小企業の会計に関する指針」（2005年）および「中小企業の会計に関する基本要領」（2012年）も含めると，計６つの会計基準があることになります。これらの会計基準の相互関係をどのように位置づけるのか，連結財務諸表と個別財務諸表の関係をどのように整理するのか，会社法や税法との関係をどのように調整するのかなど，まだ問題は山積しています。

考えてみよう・調べてみよう

⑴　会社法と金融商品取引法による会計規制の相違について説明しなさい。

⑵　企業会計原則を『会計法規集』などから探しだし，実際に本文に目を通してみましょう。

⑶　企業がウェブサイト上で株主・投資家向けにどのような情報を開示しているのか，調べてみましょう。

⑷　なぜ会計基準は国際的に統合されようとしているのか，その背景と日本に及ぼす影響について考えてみましょう。

⑸　IFRSを任意に適用する日本企業が，次第に増えています。どのような企業が任意適用しているのか，調べてみましょう。

財務諸表の仕組み

本章では，貸借対照表，損益計算書，株主資本等変動計算書，およびキャッシュ・フロー計算書といった財務諸表について学びます。とくに，貸借対照表の流動・固定の分類基準，および，損益計算書の各段階ごとの利益の計算についてしっかりと理解しましょう。

第1節◆財務諸表の種類

1　財務諸表の意義

財務会計は，投資者や債権者のような企業外部の利害関係者に企業の経営状況を報告することを目的としています。この報告手段となる一連の報告書は財務諸表（financial statements）と呼ばれています。利害関係者は，財務諸表を手掛かりとして企業の経営状況を知ることができます。

財務諸表の種類は，時代や法律によって多少異なりますが，貸借対照表と損益計算書が中心です。会社法と金融商品取引法が企業に対して開示することを要求している財務諸表は，次のとおりです。なお，会社法は，財務諸表という用語を使わず，計算書類という用語を用いています。

2　会社法に基づく計算書類

従来，商法における計算書類は，①貸借対照表，②損益計算書，③営業報告書，④利益の処分または損失の処理に関する議案，から構成されていましたが，2006年5月から施行された会社法，会社法施行規則，会社計算規則では，計算書類は，①貸借対照表，②損益計算書，③株主資本等変動計算書，および，④個別注記表，から構成されることになりました（**図表2－1**参照）。

従来の営業報告書は，事業報告と名称が変更され，計算書類から除かれることになりました。これは，事業報告は営業の状況や事業の概況等非財務事項に関する報告なので，内容的に計算に関するものとはいえないことなどの理由によるものです。事業報告には，計算書類の内容となる事項を除く，会社の状況に関する重要な事項を記載することとされています。

また，利益処分（または損失処理）案が廃止され，新たに株主資本等変動計算書の作成が求められることになりました。これは，株主への剰余金の配当が決算の確定手続きから切り離され，事業年度の途中で随時行うことができるようになったり，これまで利益処分の対象とされてきた役員賞与も職務執行の対価として「報酬等」として費用処理されることになるなど，利益処分案という概念が必要なくなったためです。

他方，事業年度中において株主資本内部での振り替え，たとえば準備金の資本金への振り替えや剰余金の準備金への振り替えなど，が自由に行えることになったので，株主資本の構成要素の変動を表示するための計算書類として株主資本等変動計算書が作成されることになりました。

個別注記表は，企業が採用する重要な会計方針や継続企業の前提に関する注記をまとめて示したものです。

これまで，大会社については，連結貸借対照表と連結損益計算書の作成が求められてきましたが，会社法では，会計監査人設置会社に連結計算書類を作成することが要求され，さらに，連結計算書類として，連結貸借対照表と連結損益計算書に加えて，連結株主資本等変動計算書と連結注記表が追加されました。

3　金融商品取引法に基づく財務諸表

金融商品取引法は，企業が一定額以上の有価証券を募集または売り出す場合，または現にその有価証券が上場されている場合には，有価証券届出書（とどけいでしょ）または有価証券報告書を提出し，公衆の便覧に供することを義務づけています。これらの届出書や報告書には，「経理の状況」に関する情報として財務諸表が含まれています。財務諸表の開示項目や様式を具体的に規定しているのは，「財務諸表等規則」，「連結財務諸表規則」などの内閣府令です。

「財務諸表等規則」によれば，財務諸表は，①貸借対照表，②損益計算書，③株主資本等変動計算書，④キャッシュ・フロー計算書，⑤附属明細表，から構成されます。同様に，「連結財務諸表規則」によれば，連結財務諸表は，①連結貸借対照表，②連結損益計算書，③連結包括利益計算書，④連結株主資本等変動計算書，⑤連結キャッシュ・フロー計算書，⑥連結附属明細表，から構成されます（なお，②と③は連結損益及び包括利益計算書でも可）。

それぞれの制度の下で開示される財務諸表の体系は，**図表２-１**のとおりです。

図表２-１　財務諸表の体系

会社法の計算書類		金融商品取引法の財務諸表	
個　別	連　結	個　別	連　結
貸借対照表	連結貸借対照表	貸借対照表	連結貸借対照表
損益計算書	連結損益計算書	損益計算書	連結損益計算書 連結包括利益計算書
株主資本等変動計算書	連結株主資本等変動計算書	株主資本等変動計算書	連結株主資本等変動計算書
		キャッシュ・フロー計算書	連結キャッシュ・フロー計算書
個別注記表	連結注記表		
		附属明細表	連結附属明細表

※連結損益計算書と連結包括利益計算書は，連結損益及び包括利益計算書でも可

注目すべき点は，会社法がキャッシュ・フロー計算書を計算書類に含めていないことです。

第２節◆貸借対照表

1　貸借対照表の基本様式

貸借対照表（balance sheet；B／S）は，ある一定時点において企業が保有する資産や資金調達の源泉など，企業の財政状態（financial position）を示すストックの計算書です。

貸借対照表の表示様式には，勘定式と報告式の２つがありますが，左右対照の勘定式の方が理解しやすいといわれています。勘定式の貸借対照表は，次の図のように，左側（借方）に資産が記載され，右側（貸方）に負債と純資産が記載されます。

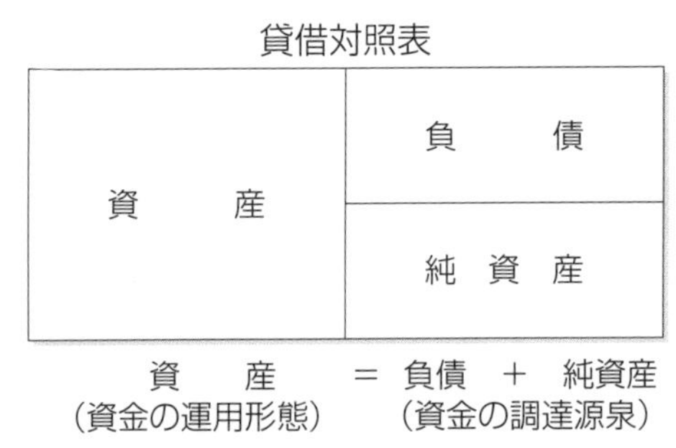

負債の部は，銀行からの借入金や社債発行によって調達した資金などを示しています。純資産の部は，株主が払い込んだ資金や内部に留保した利益などを示しています。資産の部は，現金，売掛金，製品，機械，土地など，企業が調達した資金をどのような形態で運用しているかを示しています。

資産の部は，流動資産・固定資産・繰延（くりのべ）資産の３つに分類され，負債の部は，流動負債・固定負債の２つに分類されます。純資産の部は，株主資本と株主資本以外の各項目から構成されます。株主資本以外の各項目には，評価・換算差額等，株式引受権，新株予約権および非支配株主持分が含まれます。なお，非支配株主持分は，連結貸借対照表にのみ計上されます。**図表２－２**は，簡略化された貸借対照表です。

図表２－２　貸借対照表

X2年３月31日　（単位：億円）

流動資産		流動負債	
現金預金	4,000	買入債務	3,000
売上債権	2,000	短期借入金	1,000
棚卸資産	1,000	前受金	2,000
固定資産		固定負債	
有形固定資産		社債	1,000
建物	900	長期借入金	1,000
機械装置	400	退職給付引当金	1,000
土地	600	負債合計	9,000
無形固定資産		株主資本	
商標権	50	資本金	500
ソフトウェア	200	資本剰余金	500
投資その他の資産		利益剰余金	1,800
投資有価証券	3,700	評価・換算差額等	1,100
長期貸付金	100	株式引受権	40
		新株予約権	60
繰延資産	50	純資産合計	4,000
資産合計	13,000	負債及び純資産合計	13,000

２　流動・固定の分類基準

貸借対照表上の資産・負債の配列方法には，流動性配列法と固定性配列法の２つがあります。**流動性配列法**は，流動性の高い資産（負債）から流動性の低い資産（負債）へと順番に配列する方法です。これとは反対に，**固定性配列法**は，固定性の高い資産から順番に並べる方法です。

大半の企業は，流動性を示す目的で，流動性配列法を採用していますが，電力会社やガス会社のように，固定資産の占める割合が非常に高い会社では，重要なものから並べるということで，固定性配列法が用いられています。ただし，銀行などの金融機関は，流動・固定の区分を採用していません。

資産・負債の流動性の高さを判断して流動・固定を区別するためには，次のような２つの基準があります。

① 正常営業循環基準（normal operating cycle basis）
② １年基準（one year rule）

正常営業循環基準とは，企業の本来の営業取引を通じて現金から始まり現金に戻る一連の過程を正常営業循環として，この正常な営業循環の過程に含まれる資産・負債はすべて流動資産・流動負債として扱う基準です。

たとえば，現金から始まって，原材料の仕入，製品の製造，製品の販売，代金の回収，という一連のプロセスが営業循環です。このような営業循環のサイクルに含まれる，原材料，仕掛品，製品，売上債権などが流動資産とされ，買掛金や支払手形といった仕入債務は流動負債とされます。

営業循環に含まれない資産と負債については，１年基準が適用されます。**1年基準**とは，決算日の翌日から起算して１年以内に回収される資産を流動資産，１年以内に支払期限が到来する負債を流動負債とする基準です。

正常営業循環基準の特徴は，営業循環に含まれる項目は，たとえ現金に転化するまでの期間が１年を超えることがあっても流動項目とされるところにあります。たとえば，ワインやウイスキーのように何年も寝かせて醸造する場合でも，醸造メーカーにとっては正常な営業循環過程に含まれるので，流動資産とされます。また，商品の売上代金として回収期限が１年を超える受取手形を受け取った場合にも，正常営業循環過程に含まれるので，流動資産として分類されます。

これに対して，売上債権であっても，その取引先の経営が破綻して不良債権になった売上債権は，「正常」な営業循環過程から外れたものとみなされ，１年基準が適用されます。

3　純資産の部

純資産の部は，従来「資本の部」と表記されていましたが，2006年5月以降「純資産の部」と表記されることになりました。「純資産の部」は，株主資本と株主資本以外の各項目から構成されます。株主資本以外の各項目には，評価・換算差額等，株式引受権，新株予約権および非支配株主持分が含まれます。

株主資本は，企業の所有者である株主に帰属する部分であり，資本金，資本剰余金および利益剰余金からなります。**資本金**は，会社の設立や増資に際して株主が払い込んだ金額です。**資本剰余金**は，株主が払い込んだ金額のうち資本金に組み入れられなかった金額などです。**利益剰余金**は，企業が稼得した利益のうち配当などで社外に流出せず社内に留保された金額です。

評価・換算差額等には，その他有価証券評価差額金や繰延ヘッジ損益のように，資産または負債を時価で評価するが，評価差額を当期の損益計算書で認識しない場合に生じる勘定や，為替(かわせ)換算調整勘定等が含まれます。なお，評価・換算差額等は，連結財務諸表上は**その他の包括利益累計額**と呼ばれます。

株式引受権は，取締役または執行役がその職務の執行として株式会社に対して提供した役務の対価として当該株式会社の株式の交付を受けることができる権利です。2021年1月に公表された実務対応報告第41号「取締役の報酬等として株式を無償交付する取引に関する取扱い」では，取締役の報酬等として株式を無償交付する取引のうち，契約上，株式の発行等について権利確定条件が付されており，権利確定条件が達成された場合に株式の発行等が行われる取引（事後交付型）に該当する場合の報酬費用の相手勘定については，純資産の部の株主資本以外の項目として株式引受権に計上することとされています。

新株予約権は，会社に対して一定の期間にあらかじめ定められた価格で新株の発行を請求できる権利です。新株予約権は，将来，権利行使され払込資本となる可能性がある一方，失効して払込資本とはならない可能性もあります。発行者側の新株予約権は，権利行使の有無が確定するまでの間，その性格が確定しないことから，これまで，仮勘定として負債の部に計上することとされていましたが，新株予約権は，返済義務のある負債ではなく，負債の部に表示することは適当ではないため，純資産の部に記載することとされました。しかし，新株予約権は，株主とは異なる新株予約権者との取引によるものであり，株主に帰属するものではないため，株主資本とは区別されます。

非支配株主持分は，子会社の資本のうち親会社以外の株主が所有している部分を指します。非支配株主持分は，返済義務のある負債でもなく，また，連結財務諸表における親会社株主に帰属するものでもないため，これまで，負債の部と資本の部の中間に独立の項目として表示することとされていましたが，独立の中間項目を設けず，純資産の部に株主資本とは区別して記載することとされました。

なお，純資産の部の詳細については，本書の第８章「純資産の会計」を参照してください。

4　純資産の部に伴う問題

資本の部に代えて純資産の部が設けられたことから，財務諸表分析などの実務において混乱が生じる懸念がありました。従来は資本の部の合計が株主資本および純資産と解されていましたが，新たな株主資本の概念にはこれまで資本の部に含まれていた評価・換算差額等が含まれません。また，従来の純資産の概念には繰延ヘッジ損益，株式引受権，新株予約権および非支配株主持分は含まれていませんでした。

従来：資本の部の合計＝株主資本＝純資産
現在：株主資本≠純資産

このように，同じ用語でも定義が異なるため，株主資本利益率（ROE）や自己資本比率など重要な財務比率の算出や時系列での比較分析が難しくなります。たとえば，ROE（＝当期純利益÷株主資本）は当期純利益を株主資本で除した業績指標ですが，従来の株主資本を用いるのか，それとも新しい株主資本を用いるのかで，かなりの相違が生じるおそれがあります。また，総資本のうち自己資本（株主資本）の割合を示す自己資本比率（＝自己資本÷総資本）についても，分子に株主資本合計を用いるのか，純資産合計を用いるのかで，相当な違いが生じるおそれがあります。

こうした混乱を回避するために，金融庁と東京証券取引所は「自己資本」という新しい概念を打ち出しました。この自己資本は，純資産から株式引受権，新株予約権および非支配株主持分を控除した額です。すなわち，株主資本に評価・換算差額等を加えた金額です。有価証券報告書や決算短信に記載する株主資本比率やROEは，この自己資本に基づき算出することとされました。

これらの比率については，本書の補章「財務諸表の分析」で詳しく取り上げます。

第３節◆損益計算書および包括利益計算書

1　区分式損益計算書

損益計算書（Profit or Loss Statement；P／LあるいはIncome Statement）は，ある一定期間において企業がどれだけ儲けたのか，どのようにして儲けたのかなど，企業の経営成績を表示するフローの計算書です。

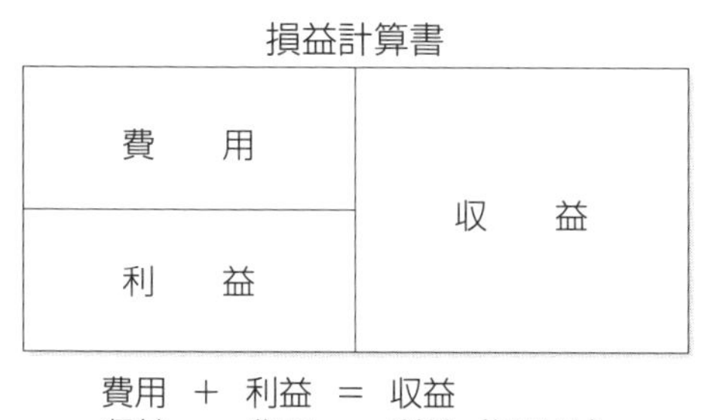

上記の損益計算書は勘定式の損益計算書です。損益計算書に関しては，左右見開きの勘定式よりも上から下への報告式と呼ばれる様式の方が理解しやすいといわれています。さらに，収益と費用をその性格によって分類し，利益を段階的に表示する区分式の損益計算書が一般的です。**図表２-３**は，簡略化され

た区分式の損益計算書です。

図表2-3　損益計算書

（自X1年4月1日　至X2年3月31日）　（単位：億円）

売上高		100,000	
売上原価	（−）	60,000	
売上総利益		40,000	・・・①
販売費及び一般管理費	（−）	25,000	
営業利益		15,000	・・・②
営業外収益	（+）	6,000	
営業外費用	（−）	8,000	
経常利益		13,000	・・・③
特別利益	（+）	6,000	
特別損失	（−）	9,000	
税引前当期純利益		10,000	・・・④
法人税・住民税・事業税	（−）	5,000	
法人税等調整額	（+）	1,000	
当期純利益		6,000	・・・⑤

区分式の損益計算書は，その活動の性質や発生の頻度に応じて収益と費用の各項目を分類し，それぞれの段階ごとに収益と費用を対応させて利益を表示するものです。収益・費用を大別すると，主たる営業活動から生じた収益・費用，営業活動以外の活動（主として財務活動）から生じた収益・費用，および，非経常的な収益・費用の３つのグループに分類されます。そして，それぞれの段階ごとに，営業利益，経常利益，および，当期純利益が計算されます。

2　営業利益の計算

最初は企業の主たる営業活動から生じる営業利益の計算です。まず，売上高から売上原価を差し引いて売上総利益（**図表2-3①**）を計算します。売上原価は販売された商品の仕入原価または製品の製造原価を表します。

売上総利益から販売費及び一般管理費を差し引いた額が営業利益（**図表2-3**②）です。営業利益は企業の営業活動の成果を表します。販売費は，販売員の給料や広告宣伝費など販売活動に関連して発生する費用です。一般管理費は，会社全体の経営管理のために発生する費用で，工場以外の建物の減価償却費，事務員給料，研究開発費などが含まれます。両者は販売費及び一般管理費として一括して表示されるのが通例です。

3　経常利益の計算

営業利益に営業外収益をプラスし，営業外費用をマイナスした額が経常利益（**図表2-3**③）です。営業外収益および営業外費用とは，営業活動以外の活動に関連して発生する収益・費用であり，主として資金の調達と運用に関する財務活動によって生じるものです。

営業外収益は，主として資金の運用から生じる収益です。それには，受取利息，受取配当金，有価証券の売却益，不動産賃貸料などが含まれます。

営業外費用は，主として資金の調達に伴う費用です。支払利息，社債利息，有価証券の売却損などがその例です。

経常利益は，営業活動の成果のみならず，資金調達の良否，投資活動の成果をも含む，企業の経常的な収益力を示す指標です。

4　当期純利益の計算

経常利益に特別利益をプラスし，特別損失をマイナスした額が税引前当期純利益（**図表2-3**④）です。特別利益と特別損失は，経常的ではなく臨時的に発生する臨時損益からなります。

臨時損益項目には，売却を目的としないで所有する土地や建物，投資有価証券などの固定資産の売却損益や災害損失などが含まれます。

次に，税引前当期純利益から当期の負担に属する法人税額，住民税額および事業税額を控除し，税効果会計の適用から生じた法人税等調整額を加減して，当期純利益（**図表2-3**⑤）を表示します。なお，税効果会計については，本書の第10章「税効果会計」で詳しく取り上げます。

5　特別損益と営業外損益の区分

特別損益と営業外損益の区分に関しては，実務上かなりあいまいになりがちです。というのは，「企業会計原則」の注解12では，「特別損益に属する項目であっても，金額の僅少なもの又は毎期経常的に発生するものは，経常損益計算に含めることができる。」としているからです。すなわち，金額の僅少なものや毎期経常的に発生するものは，たとえ特別損益に属する項目であっても，営業外損益に計上しても良いとされています。このため，同じ項目でも，その時々の状況に応じて，営業外損益に計上される場合もあれば，特別損益に計上される場合もあります。

また，経常利益は企業の経常的な収益力を評価するための重要な指標とされていることから，経営者は経常利益をよく見せようと腐心し，本来ならば特別利益とすべき項目を営業外収益としたり，営業外費用とすべき項目を特別損失として表示したりすることもあるからです。

6　包括利益の表示

日本の損益計算書は，従来，当期純利益を最終行とする表示様式でしたが，国際的な会計基準では，包括利益の表示が求められてきました。**包括利益**とは，資産から負債を控除した純資産の１会計期間における純増減額です。ただし，株主からの出資や株主への配当など株主との直接的な取引から生じた純資産の変動額は除きます。

当期純利益と包括利益の違いは，たとえば，資産を時価で評価するけれども，その評価差額を当期純利益に含めない場合に生じます。この場合，当期純利益は変化しませんが，純資産額は評価差額分だけ増減するので，包括利益は増減します。このような評価差額は，これまで「評価・換算差額等」と呼ばれてきましたが，現在連結上は「その他の包括利益（累計額）」と呼ばれています。したがって，当期純利益と包括利益の関係は，次のように示すことができます。

当期純利益＋その他の包括利益＝包括利益

こうした包括利益の報告を求める国際的な会計基準に合わせるため，包括利益の表示を早期に導入することが必要であるとの観点から，2010年６月30日に企業会計基準委員会から企業会計基準第25号「包括利益の表示に関する会計基準」が公表されました。連結財務諸表については，2011年３月31日以後終了する連結会計年度の年度末に係る連結財務諸表から適用され，次のいずれかの方法により包括利益の報告が要求されることになりました。

① 「損益及び包括利益計算書」という１つの計算書を作成する方式（１計算書方式）
② 「損益計算書」と「包括利益計算書」という２つの計算書を作成する方式（２計算書方式）

なお，個別財務諸表については，2012年６月29日に公表された改正企業会計基準第25号「包括利益の表示に関する会計基準」において，当面の間，適用しないこととされました。

第４節◆株主資本等変動計算書

1　株主資本等変動計算書の作成目的

株主資本等変動計算書は，貸借対照表の純資産の部の１会計期間における変動額のうち，主として，株主に帰属する部分である株主資本の各項目の変動事由を報告するために作成されます。

2　表示区分と表示方法

株主資本等変動計算書の表示区分は，貸借対照表の純資産の部の表示区分に従い，①株主資本，②評価・換算差額等，③株式引受権，④新株予約権に区分され，連結株主資本等変動計算書の場合には，さらに④非支配株主持分の区分が追加されます。

株主資本の各項目は，当期首残高，当期変動額および当期末残高に区分し，当期変動額は変動事由ごとにその金額を表示します。株主資本の変動をもたらす主な事由としては，新株の発行，剰余金の配当，任意積立金の積立てと取崩し，当期純利益の計上，自己株式の取得と処分などがあります。

株主資本以外の各項目は，当期首残高，当期変動額および当期末残高に区分し，当期変動額は純額で記載します。ただし，当期変動額について主な変動事由ごとにその金額を表示（または注記による開示）することもできます。

株主資本等変動計算書の様式としては，純資産の各項目を横に並べる様式を原則としますが，縦に並べる様式も認められています。

図表2-4は，横に並べる様式の株主資本等変動計算書です。この計算書をみることによって，当期中に生じた純資産の変動の内容がわかります。

図表2-4　株主資本等変動計算書

（自X1年4月1日　至X2年3月31日）　（単位：百万円）

	株主資本										評価・換算差額等		株式引受権	新株予約権	純資産合計
	資本金	資本剰余金			利益剰余金				自己株式	株主資本合計	その他有価証券評価差額金	評価・換算差額等合計			
		資本準備金	その他資本剰余金	資本剰余金合計	利益準備金	その他利益剰余金 別途積立金	その他利益剰余金 繰越利益剰余金	利益剰余金合計							
当期首残高	100,000	150,000	50,000	200,000	25,000	500,000	65,000	590,000	△30,000	860,000	60,000	60,000	2,500	2,500	925,000
当期変動額															
新株の発行	1,000	1,000		1,000						2,000					2,000
別途積立金の積立						5,000	△5,000	–		–					–
剰余金の配当							△1,000	△1,000		△1,000					△1,000
当期純利益							7,000	7,000		7,000					7,000
自己株式の取得									△500	△500					△500
自己株式の処分									2,500	2,500					2,500
株主資本以外の項目の当期変動額（純額）											3,000	3,000	△500	△500	2,000
当期変動額合計	1,000	1,000	–	1,000	–	5,000	1,000	6,000	2,000	10,000	3,000	3,000	△500	△500	12,000
当期末残高	101,000	151,000	50,000	201,000	25,000	505,000	66,000	596,000	△28,000	870,000	63,000	63,000	2,000	2,000	937,000

たとえば，当期中の新株発行は20億円であること，そのうちの10億円は資本金に組み入れられ，残りの10億円は資本準備金とされたことがわかります。また，当期純利益が70億円計上され，繰越利益剰余金から別途積立金が50億

円積み立てられ，10億円が配当に充てられました。当期中の自己株式の取得は5億円，自己株式の処分は25億円でした。また，その他有価証券評価差額金は30億円増加しました。さらに，株式引受権と新株予約権はそれぞれ5億円減少しました。

第5節◆キャッシュ・フロー計算書

1　キャッシュ・フロー計算書の意義

キャッシュ・フロー計算書（cash flow statement）は，ある一定期間における資金の流れの状況を活動区分別に表示するフローの計算書です。キャッシュ・フロー計算書は，企業の経営活動から生じるキャッシュ・フローを営業活動，投資活動および財務活動という3つの活動ごとに区分して表示し，企業のキャッシュ・フロー創出能力を明らかにしようとするものです（**図表2-5**参照）。

2　資金の範囲

キャッシュ・フロー計算書の対象となる資金は，現金および現金同等物です。現金には，手元現金だけでなく，当座預金，普通預金，通知預金などの要求払い預金も含まれます。

現金同等物とは，容易に換金可能であり，かつ，価値の変動について僅少なリスクしか負わない短期投資をいいます。たとえば，取得日から満期日または償還日までの期間が3ヵ月以内の定期預金，譲渡性預金，コマーシャル・ペーパーなどがその例です。市場性のある株式は，容易に換金できるとしても，価格変動リスクが高いので，現金同等物には含まれません。

現金および現金同等物に何を含めるかは最終的には経営者の判断に委ねられるので，その内容については注記することが求められています。

3　キャッシュ・フロー計算書の区分

キャッシュ・フロー計算書では，企業が営む活動を，営業活動，投資活動お

図表2-5　キャッシュ・フロー計算書

自X1年4月1日　至X2年3月31日　（単位：億円）

Ⅰ	営業活動によるキャッシュ・フロー	
	税引前当期純利益	500
	減価償却費	4,000
	減損損失	200
	……	
	営業活動によるキャッシュ・フロー	4,700
Ⅱ	投資活動によるキャッシュ・フロー	
	有形固定資産の取得による支出	△6,000
	有価証券の取得による支出	△ 600
	……	
	投資活動によるキャッシュ・フロー	△6,600
Ⅲ	財務活動によるキャッシュ・フロー	
	短期借入による収入	200
	社債による調達	2,000
	財務活動によるキャッシュ・フロー	2,200
Ⅳ	現金及び現金同等物の増加額	300
Ⅴ	現金及び現金同等物期首残高	3,000
Ⅵ	現金及び現金同等物期末残高	3,300

よび財務活動の3つに区分して，それぞれの活動に伴うキャッシュ・フローを区分表示します（**図表2-5**参照）。

営業活動は，企業が主として営む事業に関連する活動であり，この区分には，商品・製品の売上収入，商品・原材料の仕入の支出，人件費，販売費，管理費の支出が含まれます。また，投資活動や財務活動にも含まれない事象，たとえば災害による保険金収入や税金の支払いなどもこの区分で表示されます。

投資活動は，調達した資金を各種資産に投下する活動であり，この区分には，固定資産の取得のための支出および売却収入，有価証券の取得のための支出および売却収入，新規の貸付けや貸付金の回収などが含まれます。

財務活動は，資金の調達および返済に関連する活動であり，この区分には，新規の借入や社債の発行および増資による収入や，借入金の返済や社債の償還の支出が含まれます。

営業活動から生じたキャッシュ・フローから企業活動を維持するために必要な投資額を控除したものを，自由に使えるお金という意味でフリー・キャッシュ・フローといいます。

４　直接法と間接法

営業活動によるキャッシュ・フローの区分の表示方法には，直接法と間接法の２つがあります。**直接法**は，営業収入，原材料または商品の仕入れのための支出など，主要な取引ごとに収入額と支出額の総額を記載することにより，期中における資金の増減を直接的に明らかにする方法です。

これに対して，**間接法**は，損益計算書の税引前当期純利益を出発点にして，これに必要な調整項目を加減することにより，期中の資金の変動を間接的に明らかにする方法です。たとえば，減価償却費は，損益計算書では費用として減算されていますが，資金の流出を伴わない費用であるので，キャッシュ・フロー計算書では，利益に加え戻されます。また，売掛金や商品の増加は，これらの資産に資金が拘束されて資金が減少したことを意味するため，資金の減少項目として扱われます。反対に，買掛金の増加は，支払いの延期により支出せずに済んだことを意味するので，資金の増加項目として処理されます。

直接法には，営業活動によるキャッシュ・フローを営業収入および営業支出等として総額で表示するという利点がありますが，作成の際に改めて主要な取引ごとにデータを用意する必要があり，実務上手間がかかるという欠点があります。間接法には，当期純利益と営業活動によるキャッシュ・フローの関係を明らかにするという利点がありますが，取引規模が明らかにされないという欠点があります。

図表２-５は，間接法で作成されたキャッシュ・フロー計算書のひな形です。この計算書によって企業の資金状況がわかります。

たとえば，営業活動によるキャッシュ・フローは，本業の営業活動から当期において正味4,700億円の資金を創出したことを示しています。これに対して，投資活動によるキャッシュ・フローの中の有形固定資産の取得による支出6,000億円は，当期における設備投資の額を表しています。したがって，本業で稼いだ資金だけでは，設備投資のための資金を賄い切れていないということです。それを補うために，財務活動によるキャッシュ・フローに示されているように，社債による資金調達2,000億円が必要だったのです。

考えてみよう・調べてみよう

⑴　資産および負債を流動項目と固定項目に分類する基準について説明しなさい。

⑵　区分式損益計算書では各段階ごとにさまざまな利益が表示されます。売上総利益，営業利益，経常利益および当期純利益について説明しなさい。

⑶　営業活動によるキャッシュ・フローの区分の表示方法には，直接法と間接法があります。両者の長所と短所について説明しなさい。

⑷　実際の財務諸表を入手して，どのような事項に関する注記が行われているか調べてみましょう。

第3章 棚卸資産の会計

本章では，棚卸資産の評価を中心に学びます。先入先出法や後入先出法が売上原価や期末棚卸高にどのような影響を及ぼすのかをよく理解してください。また，棚卸減耗損と棚卸評価損の処理も重要なポイントです。

第1節◆棚卸資産の意義と範囲

棚卸資産（inventories）とは，実地棚卸（じっちたなおろし）によってその有高が確定される資産をいいます。棚卸しとは，物品を棚から下ろして，その数量や価格を調べることをいいます。棚卸資産は，こうした棚卸しの手続きによってその金額が決定される資産です。

棚卸資産には，次のような4つの種類のものがあります。

① 通常の営業過程において販売するために保有される資産：商品，製品
② 販売を目的として現に製造中の資産：仕掛品，半製品
③ 販売目的の資産を製造するために短期間に消費される資産：原材料，貯蔵品
④ 販売活動・管理活動において短期間に消費される資産：消耗品

同じ資産でも，販売目的なのか使用目的なのかによって，棚卸資産に分類されたり，固定資産に分類されたりします。たとえば土地や建物でも，不動産会

社が販売目的で保有すれば，棚卸資産となります。

棚卸資産の会計における主要な問題は，次の３つです。

① 仕入や製造の時点で，資産の原価を決定すること（取得原価の決定）
② 資産の原価を，費用化される部分と，資産として繰り越される部分に配分すること（原価の配分）
③ 期末に残った在庫を評価すること（期末棚卸高の評価）

第２節◆棚卸資産の取得原価

棚卸資産の取得原価については，「企業会計原則と関係諸法令との調整に関する連続意見書」（1962年）の第四「棚卸資産の評価について」（第一・五）に規定されています。

⑴ **購入による場合**……購入代価に付随費用（副費）の全部または一部を加算することにより算定されます。購入代価は，通常，送り状価額ですが，値引きや割戻しなどの控除項目がある場合には，これらの額を控除した額です。付随費用には，引取運賃，購入手数料，購入事務費，検収費などがあります。これらの付随費用のうちどの範囲までを取得原価に含めるかは，企業の実情に応じて決定されます。

⑵ **製造による場合**……適正な原価計算の手続きによって算定された製造原価をもって取得原価とします。製造に要する費用は，材料費，労務費，経費に分けて把握されます。

第３節◆売上原価の計算と棚卸資産の評価

商品や製品を販売すると，売上高という収益が計上されます。それに対応して，顧客に引き渡された商品や製品の原価が売上原価という費用として計上されます。売上高と売上原価が対応されて，差額として売上総利益が計算されます。この点については，本書の第２章「財務諸表の仕組み」の損益計算書を参照してください。

当期に仕入れた商品が当期中にすべて販売され，期首も期末も在庫がゼロと仮定すると，当期の商品仕入高がそのまま当期の売上原価になります。しかし，期末に売れ残った在庫があるのが通常でしょうから，そのような場合には，前期に売れ残った在庫である期首棚卸高に当期に新たに仕入れた当期仕入高を加えて，それから期末に売れ残った期末棚卸高を控除すると，当期に販売された商品の原価，すなわち売上原価が計算されます。

以上の説明は商業を前提としていましたが，製造業の場合には，売上原価は，前期から繰り越された期首製品棚卸高に当期完成した製品の製造原価を加え，期末に販売されずに残った期末製品棚卸高を控除して計算されます。

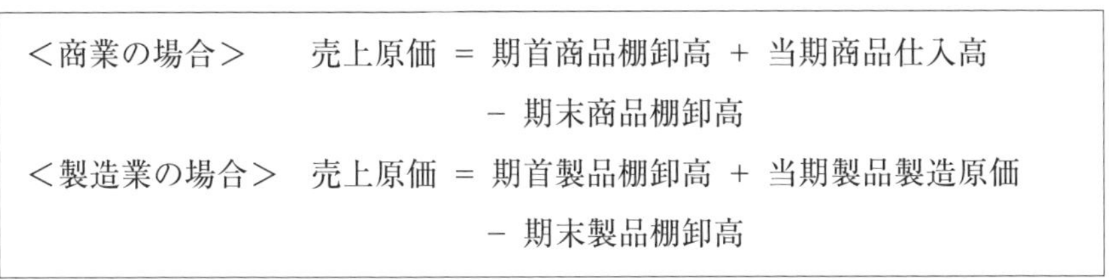
＜商業の場合＞　売上原価 ＝ 期首商品棚卸高 ＋ 当期商品仕入高
－ 期末商品棚卸高
＜製造業の場合＞　売上原価 ＝ 期首製品棚卸高 ＋ 当期製品製造原価
－ 期末製品棚卸高

この売上原価の計算を勘定形式で表すと，次の図のようになります。

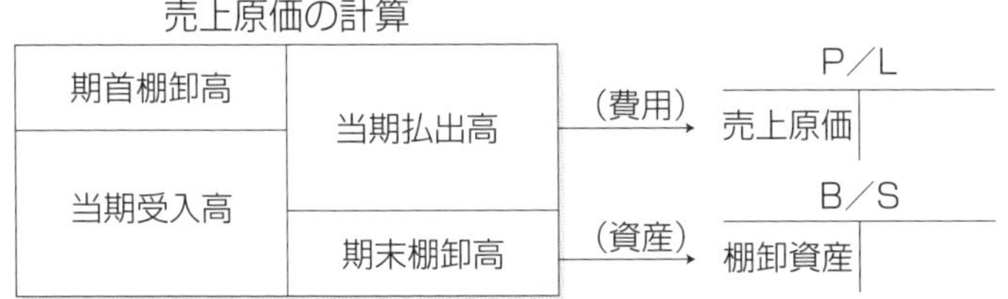

この図からわかるように，売上原価の計算は，前期から繰り越された分と当期新たに受け入れた分の原価の合計を，当期に払い出されて費用になる分と在庫として残って資産として翌期に繰り越される分に配分する手続き（棚卸資産原価の配分）でもあります。

また，売上高に対応する費用である売上原価の額は，上の式からわかるように，期末棚卸高の評価によって左右されます。棚卸資産の期末の評価額が大きければ，それだけ売上原価が小さくなります。反対に，棚卸資産の期末評価額が小さければ，それだけ売上原価が大きくなります。売上原価の数値が影響を受けるということは，もちろん利益にも影響します。棚卸資産の期末の評価は，利益額に直接影響するのでとても重要です。

第４節◆棚卸資産の評価方法

商品や製品などの棚卸資産の評価額は，数量に単価（１個当たりの価格）を乗じて計算されます。したがって，棚卸資産を評価するには，数量の計算と単価（価格）の計算が必要です。

棚卸資産の評価額 ＝ 数量 × 単価

１　数量の計算

棚卸資産の受払数量を計算する方法には，①継続記録法と②棚卸計算法があります。

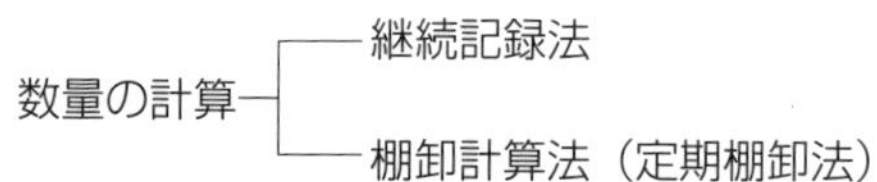

継続記録法は，棚卸資産の種類別に口座を設けて，受入れと払出しのたびに数量を記録し，帳簿上で常に棚卸数量（在庫数量）を確認することができる方法です。これに対して，**棚卸計算法**は，期首数量と期中の受入数量だけを記録しておき，期末に棚卸しをして残高を確認し，一期間中の払出数量を逆算する方法です。

棚卸計算法は，常時帳簿上で在庫数量を確認できないという欠点があります。在庫管理を効果的に行うためには，継続記録法による払出数量の記録が不可欠です。ただし，継続記録法を採用していても，記録の誤りや盗難などで帳簿上の残高と実際の残高が異なる場合もあります。したがって，帳簿上の数量と実際の数量を照合するために期末における**実地棚卸**が欠かせません。

２　単価の計算

同じ商品でも仕入れの時期によって単価が異なる場合があります。販売された商品と在庫として残った商品に，それぞれどの単価を割り当てるかが問題となります。

単価の主な計算方法としては，個別法，先入先出法（さきいれさきだしほう），後入先出法（あといれさきだしほう），総平均法，移動平均法などがあります。これらの単価を計算する方法は，**棚卸資産の評価方法**と呼ばれています。

①　**個別法**（identified cost method）

商品の仕入単価を個別に把握し，払出しのたびに実際の単価を割り当てる方法です。この方法は，商品の実際の流れに即して費用を把握しようとする方法ですが，商品を単価の異なるごとに別個に保管しておかなければなりません。貴金属や販売用の不動産のような高価で独自性のある棚卸資産に適用されます。

個別法以外の方法は，同種の品が大量に仕入・製造される場合に適用されます。

②　**先入先出法**（first-in first-out method：FIFO）

先に入ってきたものから順に出ていくと想定して計算する方法です。この方法では，売上原価は比較的古い単価で計算され，期末棚卸高は比較的新しい単価で計算されます。

たとえば，ある商品を１ヵ月の間次のように売買したとしましょう。なお，仕入については仕入単価と仕入総額が，売上については売上単価と売上総額が記載されています。

日　付	摘　要	数　量	単　価	金　額
5月1日	前月繰越	4個	100円	400円
5日	仕　　入	6個	120円	720円
10日	売　　上	5個	160円	800円
15日	仕　　入	10個	148円	1,480円
25日	売　　上	8個	170円	1,360円

先入先出法によると，5月10日には100円の商品が4個と120円の商品が1個販売されたことになり，25日には120円の商品が5個と148円の商品が3個販売されたことになります。したがって，5月中の売上原価は1,564円（=100円×4個+120円×1個+120円×5個+148円×3個）となります。月末棚卸高は148円の商品が7個で1,036円となります。

③　**後入先出法**（last-in first-out method：LIFO）

先入先出法とは反対に，後から入ってきたものが先に出ていくと想定して計算する方法です。この方法には，一定期間ごとに後入れ先出しを適用する**期別後入先出法**と，払出しのつど後入れ先出しを適用する**そのつど後入先出法**の2つがあります。

先の例に期別後入先出法を適用すると，5月中に販売された商品13個は，148円の商品10個と120円の商品3個とみなされ，月末に残った商品7個は5日に仕入れた120円の商品が3個と前月から繰り越された100円の商品が4個からになります。したがって，5月中の売上原価は1,840円（=148円×10個+120円×3個），月末棚卸高は760円（=120円×3個+100円×4個）となります。

そのつど後入先出法を適用すると，10日には120円の商品が5個販売され，25日には148円の商品が8個販売されたことになります。したがって，5月中の売上原価は1,784円（=120円×5個+148円×8個），月末棚卸高は816円（=100円×4個+120円×1個+148円×2個）となります。

④　**総平均法**（weighted average method）

期首の在庫も含めて一定期間中に受け入れた商品の合計額をその数量で除して平均単価を求めて計算する方法です。この方法は一定期間末にならないと平均単価を計算できないため，商品の払出時には払出数量と残高数量だけを記入しておきます。

先の例に総平均法を適用すると，平均単価は（400円＋720円＋1,480円）÷（４個＋６個＋10個）＝130円となります。したがって，５月中の売上原価は1,690円（＝130円×13個），月末棚卸高は910円（＝130円×７個）となります。

⑤　**移動平均法**（moving average method）

商品を受け入れるつど，平均単価を計算し直す方法です。先の例に移動平均法を適用すると，５日の仕入時に平均単価は112円（＝[400円＋720円]÷[４個＋６個]）となります。したがって，10日の売上時の売上原価は560円（＝112円×５個）となります。15日の仕入時に平均単価は136円（＝[560円＋1,480円]÷[５個＋10個]）となり，25日の売上時の売上原価は1,088円（＝136円×８個）となります。したがって，５月中の売上原価は1,648円（＝560円＋1,088円），月末棚卸高は952円（＝136円×７個）となります。

３　評価方法の比較

以上，代表的な評価方法によって売上原価と月末棚卸高を計算してみました。売上高はいずれの方法でも2,160円（＝160円×５個＋170円×８個）と同じですが，売上原価と棚卸高はどの評価方法をとるかによって異なります。したがって，売上総利益も異なります。それぞれの評価方法による売上原価，月末棚卸高，売上総利益を表にまとめると，次のようになります。

	売上高	売上原価	月末棚卸高	売上総利益
先入先出法	2,160円	1,564円	1,036円	596円
期別後入先出法	2,160円	1,840円	760円	320円
そのつど後入先出法	2,160円	1,784円	816円	376円
総平均法	2,160円	1,690円	910円	470円
移動平均法	2,160円	1,648円	952円	512円

上の表から，先入先出法による場合が一番売上原価が小さく計算されて，それだけ売上総利益が大きく計算されていることがわかります。反対に，後入先出法の場合は売上原価が大きく計算されて，売上総利益は小さくなります。総平均法と移動平均法による結果はその中間に位置します。

この例では，仕入単価が次第に上昇しているため，先入先出法の場合には，先に入った安い単価の商品が先に払い出されて売上原価を構成し，後から入った高い単価の商品が在庫として残って月末棚卸高を構成すると仮定して計算しているからです。

反対に，後入先出法の場合には，後から入った高い単価の商品が売上原価を構成し，古い安い単価の商品が月末棚卸高を構成すると仮定して計算しているので，売上総利益が小さく計算されます。

価格上昇期には，先入先出法の場合には，その時々の時価に基づく売上高に対して相対的に低い価格水準を反映した売上原価を対応させる結果，売上総利益には価格水準の上昇から生じた名目的な利益が含まれます。これに対して，後入先出法の場合には，売上高と売上原価がほぼ同じ価格水準で対応するので，価格水準の上昇から生じる名目的な利益を排除することができます。しかし，後入先出法には，棚卸資産の貸借対照表価額が比較的古い単価で評価され，実態からかけ離れてしまうという欠点もあります。

価格上昇時　先入先出法　⇒　売上原価↓　売上総利益↑　貸借対照表価額↑
　　　　　　後入先出法　⇒　売上原価↑　売上総利益↓　貸借対照表価額↓

もしも価格水準が下落している場合には，ちょうど反対の影響が生じます。

価格下落時	先入先出法	⇒	売上原価↑	売上総利益↓	貸借対照表価額↓
	後入先出法	⇒	売上原価↓	売上総利益↑	貸借対照表価額↑

総平均法と移動平均法の場合には，古い商品と新しい商品が平均して払い出されると仮定して計算するので，売上総利益は先入先出法と後入先出法の中間的な数値になります。

なお，いずれの方法でも，売上原価と月末棚卸高を加えた金額は2,600円となります。この金額は，前月から繰り越された分と当期受け入れた分の合計に等しい金額です。この金額が売上原価と月末棚卸高に配分されるのですが，各方法により配分の仕方が異なるということです。

すなわち，各評価方法により期末棚卸高の評価額は異なりますが，期末棚卸高が大きく評価されるほど，売上原価は小さく計算され，その結果売上総利益は大きくなります。反対に，期末棚卸高が小さく評価されるほど，売上原価は大きく計算され，売上総利益は小さくなります。

期末棚卸高↑	⇒	売上原価↓	⇒	売上総利益↑
期末棚卸高↓	⇒	売上原価↑	⇒	売上総利益↓

それでは，なぜ実際の商品の流れに即して単価を計算せずに，先に入ったものから先に出ていくなどの一定の仮定を設けて計算するのでしょうか。

それは，一般に，次のような理由からとされています。1つには，実際の商品の流れに即して計算する個別法を採用するためには，単価の異なるごとに区別して管理しなければなりませんが，これにはコストがかかるからです。もう1つには，その時々の状況に応じて都合の良い単価のものを払い出すという恣意性を排除するためには，一定の仮定に基づいて規則的に計算するのが望ましいからです。

4　その他の評価方法

これまで説明してこなかった特殊な方法としては，最終仕入原価法と売価還元法があります。

最終仕入原価法は，期末に残った棚卸資産を最後に仕入れたときの単価で計算する方法です。最終仕入原価法は，税法で認められており簡便なため，実務では貯蔵品等あまり重要でない棚卸資産に多く適用されています。

売価還元法は，百貨店やスーパーなどのように多品種の商品を取り扱っている業界で採用されている方法です。この方法は，異なる商品を一括して売価の合計額を算出し，原価率を用いて売上原価と期末棚卸高を逆算する方法です。原価率は次のように求められます。

原価率 ＝ （期首繰越商品原価 ＋ 当期受入商品原価）
÷ （当期売上高 ＋ 期末繰越商品売価）

以上のように，複数の方法が認められている場合，ある方法から別の方法に変更することによって，企業は利益をある程度操作することが可能です。たとえば，価格上昇期に先入先出法から後入先出法に変更すれば，利益を圧縮することができます。反対に，価格上昇期に後入先出法から先入先出法に変更すれば，利益を膨らますことができます。

しかし，企業はいったん採用した方法を原則として継続的に適用しなければならず，変更する場合には正当な理由がなければなりません。これは**継続性の原則**と呼ばれており，「企業会計原則」の一般原則の１つとされています。

企業会計は，その処理の原則及び手続を毎期継続して適用し，みだりにこれを変更してはならない。

（「企業会計原則」第一・五）

継続性の原則は，①財務諸表の期間的な比較可能性を確保すること，および，②恣意的な利益操作を排除すること，を目的としています。

５　後入先出法の廃止

従来から，国際会計基準では，後入先出法は認められていません。後入先出法が除外された理由としては，①棚卸資産の貸借対照表価額が現在の価格水準と大きくかけ離れるために，資産の定義と整合しない可能性があること，および，②取引の実際の流れを反映していないこと，が挙げられています。

日本においても，2008年９月26日に企業会計基準第９号「棚卸資産の評価に関する会計基準」の一部改正が行われ，会計基準の国際的なコンバージェンスを図るため，選択できる棚卸資産の評価方法から後入先出法が削除されました。

第５節◆棚卸資産の期末評価

ここまでは，主として帳簿上の記録に基づいて，棚卸資産の原価を当期中に払い出された分と期末に残った分に配分する手続きを説明してきました。しかし，帳簿上の期末棚卸高（帳簿棚卸高）がそのまま貸借対照表上に計上されるわけではありません。その前に，帳簿棚卸高を実際の棚卸高（実地棚卸高）と照合する必要があります。もし両者が一致しなければ，帳簿上の記録を実地棚卸高に合わせなければなりません。この修正は，実地棚卸によって数量と価格の両面から実地棚卸高を確定し，帳簿棚卸高との間に差異があれば，それを棚卸減耗（げんもう）損や棚卸評価損として処理することによって行われます。

１　棚卸減耗損の処理

帳簿棚卸数量よりも実地棚卸数量の方が少ない場合があります。これは，在庫中や入出庫の際における紛失，盗難，蒸発等の原因から生じたもので，棚卸減耗といいます。この減耗数量に単価を乗じた額を**棚卸減耗損**といいます。

＜設例３-１＞　棚卸減耗損の処理

期末の実地棚卸の結果，原材料10個（単価15,000円）が帳簿残高より不足していることが判明しました。

(借)	棚卸減耗損	150,000	(貸)	原材料	150,000

棚卸減耗損は，損益計算書上，それが経常的に発生するものであれば，商品・製品については売上原価または販売費として計上し，原材料に関するものは製造原価に含まれます。異常な原因で発生した棚卸減耗損は，損益計算書上，営業外費用または特別損失として計上します。

図表3-1　棚卸減耗損の損益計算書上の表示

- 原価性あり（正常なもの）
  - 原材料………製造原価
  - 商品・製品…売上原価の内訳科目または販売費
- 原価性なし（正常でないもの）
  - 多額……特別損失
  - 僅少……営業外費用

2　棚卸評価損の処理

棚卸資産の時価が原価よりも下落した場合に生じる損失は，**棚卸評価損**といいます。これまで，棚卸資産の評価基準としては，取得原価で評価する方法（原価法）が原則とされていましたが，時価と原価を比較していずれか低い方の額で評価する方法（低価法）も容認されていました。

ところが，近年整備されてきた他の会計基準との整合性や国際的な会計基準との調和化の観点から，2006年7月5日に企業会計基準委員会から公表された企業会計基準第9号「棚卸資産の評価に関する会計基準」によって，棚卸資産の評価基準を低価法に一本化することとされました。2008年4月1日以後開始する事業年度から適用されています。「棚卸資産の評価に関する会計基準」は，棚卸資産を通常の販売目的で保有する棚卸資産とトレーディング目的で保有する棚卸資産の2つに分けて，次のように会計処理を定めています。

図表３-２　棚卸資産の評価基準

┌通常の販売目的で保有する棚卸資産　⇒　低価法
└トレーディング目的で保有する棚卸資産　⇒　時価法

①　通常の販売目的で保有する棚卸資産

通常の販売目的で保有する棚卸資産は，取得原価をもって貸借対照表価額とし，期末における正味売却価額が取得原価よりも下落している場合には，収益性が低下しているとみて，当該正味売却価額をもって貸借対照表価額とします。すなわち，低価法の適用が求められています。

ただし，「棚卸資産の評価に関する会計基準」では，この方法を低価法とは呼ばずに，取得原価基準の下で回収可能性を反映させるように，過大な帳簿価額を減額し将来に損失を繰り延べないために行われる会計処理と位置づけています。

この場合の**正味売却価額**は，売価（＝売却市場における時価）から見積追加製造原価および見積販売直接経費を控除したものをいいます。また，一定の条件のもとでは，正味売却価額に代えて収益性の低下の事実を適切に反映する方法や再調達原価によることも認められます。なお，**再調達原価**とは，購買市場の時価に購入に付随する費用を加算した価額をいいます。

棚卸資産は，通常，販売によって資金の回収を図るものですから，評価時点における資金回収額を示す棚卸資産の正味売却価額が，その帳簿価額を下回っているときには，収益性が低下しているとみなされ，帳簿価額の切り下げが要求されます。

＜設例３-２＞　棚卸減耗損と棚卸評価損

期末棚卸高に関する次の資料により，棚卸減耗損と棚卸評価損を求めなさい。

帳簿棚卸数量　1,100個　　　１個あたり取得原価　　200円

実地棚卸数量　1,000個　　　　　1個あたり正味売却価額　190円

＜解説＞

まず，棚卸減耗損の方から計算します。すなわち，減耗数量に取得単価を乗じて計算します。

棚卸減耗損＝（帳簿棚卸数量－実地棚卸数量）×1個あたり取得原価

＝（1,100個－1,000個）×200円＝20,000円

次いで，棚卸評価損を，原価と時価の差額に実地棚卸数量を乗じて計算します。

棚卸評価損＝（1個あたり取得原価－1個あたり正味売却価額）

×実地棚卸数量

＝（200円－190円）×1,000個＝10,000円

これらの計算を図で示すと次のようになります。

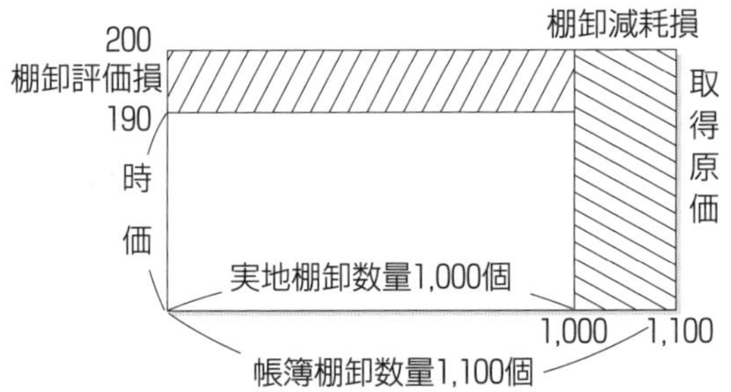

損益計算書における表示については，収益性の低下による簿価切下額は売上原価とし，棚卸資産の製造に関連し不可避的に発生すると認められるときには製造原価として処理します。ただし，簿価切下額が，臨時の事象に起因し，かつ，多額であるときには，特別損失に計上します。臨時の事象とは，たとえば重要な事業部門の廃止や災害損失の発生などをいいます。

②　洗い替え法と切り放し法

低価法を適用した場合の翌期の処理については，洗い替え法と切り放し法という２つの方法があります。**洗い替え法**は，期末に低価法の適用により評価減しても，評価減前の原価法による価額を翌期以降の取得原価とする方法です。他方，**切り放し法**は，評価減後の帳簿価額を翌期以降の取得原価とする方法です。

<設例３-３>　洗い替え法と切り放し法

商品の取得原価は100,000円，商品の当期末正味売却価額は95,000円，商品の翌期末正味売却価額は97,000円と仮定しましょう。その場合のそれぞれの方法による仕訳は次のようになります。

<洗い替え法>

当期末（借）	商品評価損	5,000	（貸）	商品低価切下額	5,000
翌期末（借）	商品低価切下額	5,000	（貸）	商品低価切下額戻入	5,000
	商品評価損	3,000		商品低価切下額	3,000
	（商品の期末評価額は97,000円）				

<切り放し法>

当期末（借）	商品評価損	5,000	（貸）	繰越商品	5,000
翌期末	仕訳なし				
	（商品の期末評価額は95,000円）				

③　トレーディング目的で保有する棚卸資産

「棚卸資産の評価に関する会計基準」は，当初から加工や販売の努力を行うことなく単に市場価格の変動により利益を得るトレーディング目的で保有する棚卸資産についても規定しています。これは，活発な取引が行われるよう整備された市場をもつ金や原油などのような相場商品を想定しています。トレーディング目的で保有する棚卸資産については，投資者にとっての有用な情報は棚卸資産の期末時点の市場価格であると考えられることから，時価をもって貸借対照表価額とし，帳簿価額との差額（評価差額）は，当期の損益として処理します。すなわち，時価法が適用されます。

損益計算書における表示については，トレーディング目的で保有する棚卸資産にかかる損益は，原則として，純額で売上高に表示します。

考えてみよう・調べてみよう

⑴ 価格水準が下落している場合には，先入先出法を用いたときと後入先出法を用いたときでは，売上原価，期末棚卸高，売上総利益はどのように異なるのか，数値例を用いて説明しなさい。

⑵ 棚卸資産の評価方法を変更した企業を探し出して，どのような変更をなぜ行ったのか，利益にはどのような影響を及ぼしたのかなどを調べてみましょう。

⑶ 通常の販売目的で保有する棚卸資産の評価について，なぜ正味売却価額が用いられるのか，説明しなさい。

⑷ トレーディング目的で保有する棚卸資産には，なぜ時価法が適用されるのか，説明しなさい。

有形固定資産の会計

本章は，減価償却，リース会計，減損会計と盛り沢山です。その中でも，減価償却は基本中の基本ですから，しっかりと学びましょう。リース会計や減損会計も最近注目を浴びているテーマです。

第1節◆固定資産の種類

固定資産（fixed assets）は，有形固定資産，無形固定資産，および投資その他の資産に分類されます。

図表4－1　固定資産の分類

- 有形固定資産………1年を超えて利用するために保有する具体的な形態をもった資産。建物，機械装置，車両運搬具，工具器具備品，土地など企業にとって中心となる資産で金額も大きい。
- 無形固定資産………具体的な物財ではないが，長期にわたって利用され，収益獲得に有用な資産。特許権，借地権，商標権，鉱業権のような法律上の権利，ソフトウェア，のれんなど。
- 投資その他の資産…長期にわたって所有する有価証券，出資金，長期貸付金，長期前払費用など。

第2節◆有形固定資産と設備投資

有形固定資産（tangible fixed assets）は，具体的な形態をもつ固定資産であって，製造販売など企業の事業活動のために長期的に使用する目的で保有される資産です。有形固定資産の金額の増加は，活発な設備投資を行っていることを表し，経営の積極性を示します。

巨額の設備投資には資金が必要です。企業内部に留保された資金を利用したり，新株発行による資金調達も考えられます。あるいは，銀行からの借入や社債の発行に頼ることもあるでしょう。設備投資資金を負債によって調達した場合には，金利負担が増加します。また，設備の減価償却費も増加します。設備がもたらす収益が支払利息や減価償却費の増加分を下回ったり，完成した設備がさっぱり収益を生まなかったりすれば，経営は危うくなります。

設備投資は企業の長期的な発展にとって不可欠ですが，失敗すると重大なダメージを受けます。

第3節◆有形固定資産の取得原価

有形固定資産の取得原価の決定方法は，取得の形態に応じて異なります。

① **購入の場合**……購入代価に買入手数料，引取運賃，据付（すえつけ）費，試運転費などの付随費用を加算して取得原価を決定します。

② **自家建設の場合**……適正な原価計算基準に従って製造原価を計算し，これに基づいて取得原価を決定します。建設に要する借入金の利子は，通常は，期間費用として処理し，製造原価に算入しませんが，建設期間中に限り，取得原価に算入することができます。

③ **現物出資の場合**……株式を発行し，その対価として固定資産を受け入れた場合には，現物出資財産の価額をもって取得原価とします（会社法第199条）。

④ **交換の場合**……固定資産同士を交換した場合には，譲渡資産の適正な簿価

をもって受入資産の取得原価とします。

⑤　**贈与の場合**……贈与された資産の時価などを基準にして公正に評価した額をもって取得原価とします。国や地方自治体からの補助金や助成金によって固定資産を取得したときは，受贈益を計上し，同時に，補助金等に相当する額を当該資産の取得原価から控除して圧縮損を計上すること（圧縮記帳）が認められています。

第４節◆有形固定資産の減価償却

有形固定資産は，土地と建設仮勘定を除いて，使用，時の経過，陳腐化(ちんぷか)などの原因により，次第にその価値を減じていきます。しかし，棚卸資産の消費の測定と異なり，有形固定資産の価値の減少（サービスの消費）を直接的に把握するのは困難です。どれだけ価値が減少したかを主観的に評価しようとすれば，かえって恣意(しい)的な操作の余地を与えかねません。そこで，有形固定資産については，あらかじめ決められた一定の方法に従って，その取得原価を利用期間にわたって計画的・規則的に費用として配分することとされています。このような有形固定資産原価の配分手続きを**減価償却**（depreciation）といいます。

取得原価を耐用年数の各期間に費用として配分するためには，取得原価，残存価額，耐用年数という３つの要素が必要となります。

残存価額とは，耐用年数到来時において予想される資産の処分可能価額（売却価格または利用価格から解体，撤去，処分等の費用を控除した金額）です。残存価額については，各企業が当該資産の特殊的条件を考慮して合理的に見積りを行うべきものとされていますが，この見積りは容易でなく，大半の企業はこれまで税法に準拠して取得原価の10％を残存価額としてきました。なお，無形固定資産の場合には，残存価額はゼロとされます。

耐用年数とは，固定資産の経済的使用可能年数をいいます。耐用年数についても，各企業が自己の固定資産につきその特殊的条件を考慮して自主的に決定すべきものとされていますが，実務上は税法で定められた耐用年数が用いられています。ただし，技術革新の著しいものについては，会社が実情に応じたより短い耐用年数を採用することもあります。

減価償却の方法には，資産の耐用年数を基準とする方法と，資産の利用度を基準とする方法があります。前者には，定額法，定率法，級数法などがあり，後者には，生産高比例法があります。

① **定額法**……耐用年数にわたって毎期均等額を減価償却費として計上する方法です。

減価償却費 ＝（取得原価 － 残存価額）÷ 耐用年数

たとえば，取得原価が1,000万円，残存価額が100万円，耐用年数が５年の機械装置について，定額法を適用すると，毎期の減価償却費は次のように180万円と計算されます。

（1,000万円 － 100万円）÷ ５年 ＝ 180万円

定額法は計算が簡単であり，毎期の減価償却費が均一であるので，期間比較を容易にします。また，時の経過が主たる減価原因である場合には，定額法は合理的な減価償却方法といえるでしょう。

② **定率法**……固定資産の未償却残高に毎期一定の償却率を乗じて減価償却費を計算する方法です。

減価償却費 ＝（取得原価 － 減価償却累計額）× 償却率

償却率は次のような式で求められます。

$$償却率 = 1 - \sqrt[n]{残存価額 \div 取得原価}$$

ただし，n ＝ 耐用年数

先の例に当てはめると，償却率は $1-\sqrt[5]{0.1}=0.369$ となります。この償却率を用いて計算すると，定率法を適用した場合の毎期の減価償却費は次のようになります。

1年目（1,000万円－０円）×0.369＝369万円

2年目（1,000万円－369万円）×0.369＝2,328,390円

3年目（1,000万円－369万円－2,328,390円）×0.369＝1,469,214円

4年目（1,000万円－369万円－2,328,390円－1,469,214円）×0.369＝927,074円

5年目（1,000万円－369万円－2,328,390円－1,469,214円－927,074円）×0.369
＝584,984円

以上の計算結果を表にまとめると，次のようになります。

年度	減価償却費	減価償却累計額	未償却原価
1	3,690,000	3,690,000	6,310,000
2	2,328,390	6,018,390	3,981,610
3	1,469,214	7,487,604	2,512,396
4	927,074	8,414,678	1,585,322
5	584,984	8,999,662	1,000,338

定率法の場合には，耐用年数の初期に比較的多額の減価償却費が計上され，耐用年数の経過に伴い，その額が逓減(ていげん)していきます。定額法に比べて，定率法では資産を利用し始めた初期の段階では減価償却費が大きく計算されます。したがって，定率法は，陳腐化等のリスクが大きい場合には，早期に償却できるので適しています。

③　**級数法**……１から耐用年数までの各年数の総和を分母とし，残余耐用年数を分子とする償却率で毎期の減価償却費を計算する方法です。たとえば，先の例の耐用年数５年の場合には，次のように計算されます。

1年目（1,000万円－100万円）×［５÷（１＋２＋３＋４＋５）］＝3,000,000円

2年目（1,000万円－100万円）×［４÷（１＋２＋３＋４＋５）］＝2,400,000円

3年目（1,000万円－100万円）×［３÷（１＋２＋３＋４＋５）］＝1,800,000円

4年目（1,000万円－100万円）×［2÷（1＋2＋3＋4＋5）］＝1,200,000円

5年目（1,000万円－100万円）×［1÷（1＋2＋3＋4＋5）］＝ 600,000円

級数法の場合にも，耐用年数の初期に比較的多額の減価償却費が計上され，耐用年数の経過に伴い，その額が逓減していきます。逓減する割合は，定率法ほど急ではありませんが，級数法も逓減償却法の一種です。

④ **生産高比例法**……固定資産の生産高または利用度に比例して毎期の減価償却費を計上する方法であり，鉱業用設備，航空機，自動車のように総利用可能量が合理的に推定できる資産に適用されます。

減価償却費 ＝(取得原価 － 残存価額)× 各期の実際利用量 ÷ 総利用可能量

たとえば，先の例の機械装置の見積総利用時間数が20,000時間，第1年度において4,000時間稼働したものとすれば，当期の減価償却費が次のように求められます。

1年度の減価償却費＝(1,000万円－100万円)×(4,000時間÷20,000時間)

＝180万円

主な減価原因が使用である場合には，生産高や利用度に応じた減価償却方法が合理的といえるでしょう。

第5節◆税務上の減価償却制度の見直し

2007年度税制改正において減価償却制度が見直され，償却可能限度額および残存価額が廃止されました。すなわち，2007年4月1日以降取得する減価償却資産から償却可能限度額および残存価額が廃止され，耐用年数経過時点に備忘価額（1円）まで償却できること，および，償却可能限度額の廃止に伴いすでに償却可能限度額に達している資産（償却累計額が取得価額の95%相当額まで達している資産）に関しては残存簿価（残りの5%部分）につき改正後5年間にわたり均等償却できることとされました。

さらに，従来の残存価額10%を前提とする定額法，定率法はこれを廃止し，残存価額を考慮しない方法に改正されました。とりわけ，定率法を採用する場合の償却率は，定額法の償却率（1÷耐用年数）を2.5倍した数とし，特定事業年度（償却中のある事業年度における残存簿価に対して耐用年数経過時に1円まで均等償却した場合の減価償却費が定率法による減価償却費を上回ることとなった場合の事業年度をいいます）以降は残存年数（耐用年数から経過年数を控除した年数）による均等償却に切り換えて備忘価額まで償却できることとされました（いわゆる250%定率法）。

また，2007年3月31日以前に取得した既存の減価償却資産については，税務上，改正前の償却方法をそのまま継続適用するとともに，償却可能限度額まで償却した事業年度の翌事業年度以後5年間で備忘価額まで均等償却ができることとされました。

この税制改正を受けて，日本公認会計士協会は，2007年4月25日に，監査・保証実務委員会報告第81号「減価償却に関する当面の監査上の取扱い」を公表しました。そこでは，従来の会計実務において認められてきた減価償却方法については今後も容認できるとの立場が堅持されています。したがって，会計上は，残存価額を取得原価の10%とした旧定額法または旧定率法，改正後の残存価額がないものとした定額法または定率法の4通りの選択肢があることになります。

なお，定率法の償却率については，2011年12月の税制改正により，定額法の償却率の250%から200%に変更されました。

＜設例4-1＞　新定率法（200%定率法）

先の例と同様の取得原価1,000万円，耐用年数5年の機械装置について，新しい定率法（200%定率法）を適用してみましょう。

定額法の償却率は，1÷5＝0.2，すなわち20%です。これの2倍ということですから，0.2×2＝0.4，すなわち定率法の償却率は40%となります。

第1年度から第5年度までの減価償却費はそれぞれいくらとなるでしょうか。

第１年度は，1,000万円×０.４＝400万円となります。

第２年度は，（1,000万円－400万円）×０.４＝240万円となります。

第３年度は，（1,000万円－400万円－240万円）×０.４＝144万円となります。

第４年度は，償却率40%で計算すると，（1,000万円－400万円－240万円－144万円）×０.４＝86.4万円となりますが，残存年数２年による均等償却では216万円÷２年＝108万円ですので，108万円となります。

第５年度は，備忘価額の１円を残して107.9999万円となります。

第６節◆減価償却の効果

減価償却の目的は，固定資産の取得原価を耐用年数にわたって費用として配分し，適正な期間損益を計算することにあります。ところが，減価償却費は現金支出を伴わない費用であることから，売上を通じて企業に流入した資金のうち減価償却費に見合う額が利益とともに企業内部に留保される効果が生じることになります。これは**減価償却の自己金融機能**と呼ばれています。

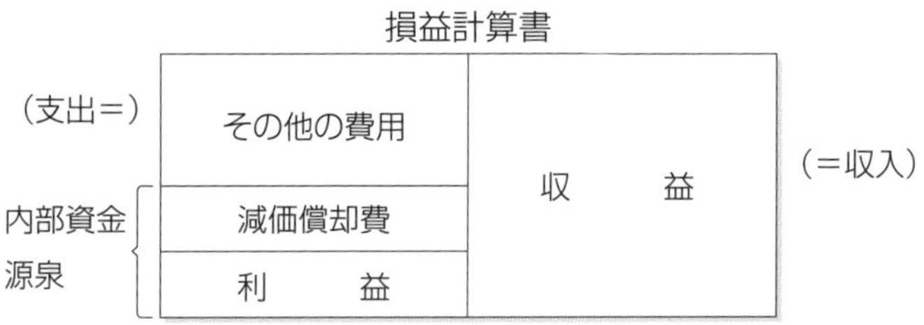

定額法に比べて定率法の方が早期に償却でき，税務上も有利であるため，従来，定率法を採用する企業が多かったのですが，1998年度の税制改正により，1998年４月１日以後に取得した建物の減価償却の方法は定額法によることとされたため，現在では，定率法と定額法を併用する企業が多くなっています。

設備資産を多く抱える企業にとっては，減価償却費が巨額にのぼることから，減価償却方法の変更は利益に大きな影響を及ぼします。一般に，定額法から定率法への変更は変更当初において減価償却費を相対的に大きくし，利益を圧縮する効果があります。反対に，定率法から定額法への変更は減価償却費を相対的に小さくし，利益を膨らます効果があります。

ただし，会計処理方法は原則として継続して適用しなければならず，変更する場合には正当な理由がなければなりません（継続性の原則）。正当な理由による変更としては，たとえば，企業の事業内容や経営環境の著しい変化に対応して行われるもの，および，会計基準や法令の改正に伴う変更などが挙げられます。

第7節◆修繕費と改良費

有形固定資産の取得後に，修繕や改良のための支出が生じますが，固定資産の取得原価に加算される支出を資本的支出，取得原価に含まれず支出した年度の費用として処理される支出を収益的支出といいます。修繕費と改良費は次のように区分されますが，実際には，両者の区別が困難な場合が多いでしょう。

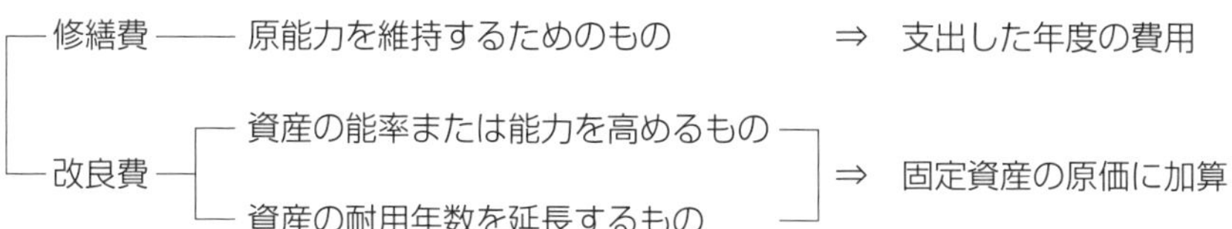

第8節◆リース資産

固定資産を調達する場合，購入する代わりにリース契約により借りることを選択する場合もあります。自ら購入する場合には，取得時点で多額の資金が必要になりますが，リースならば毎期リース料を支払うことで済みますし，リース物件の保守管理もリース会社が行ってくれます。

リース取引とは，特定の物件の所有者である貸し手（レッサー）が，物件の借り手（レッシー）に対し，リース期間にわたり物件を使用する権利を与え，借り手はリース料を貸し手に支払う取引をいいます。

リース取引は，会計上の観点からは，ファイナンス・リースとオペレーティング・リースの２種類に分けられます。

2007年３月に公表された企業会計基準第13号「リース取引に関する会計基準」によれば，ファイナンス・リースは次のような２つの要件を満たすリースと定義され（第５項），それ以外のリースはオペレーティング・リースとされます（第６項）。

〈ファイナンス・リースの要件〉

> リース契約に基づくリース期間の中途において当該契約を解除することができないリース取引又はこれに準ずるリース取引で，借手が，当該契約に基づき使用する物件からもたらされる経済的利益を実質的に享受することができ，かつ，当該リース物件の使用に伴って生じるコストを実質的に負担することとなるリース取引

上の定義では，ファイナンス・リースの要件として，解約不能（non-cancelable）とフルペイアウト（full-payout）という２つの要件が挙げられています。**解約不能の要件**には，法的形式上は解約可能であるとしても，解約に際し相当の違約金を支払わなければならない等の理由から事実上解約不能と認められる場合も含まれます。また，**フルペイアウトの要件**とは，借り手がリース物件からもたらされる経済的利益を実質的に享受でき，かつ，リース物件の使

用に伴うコストを実質的に負担することをいいます。

「リース物件からもたらされる経済的利益を実質的に享受する」とは，リース物件を自己所有するならば得られると期待されるほとんどすべての経済的利益を享受するという意味です。また，「リース物件の使用に伴って生じるコストを実質的に負担する」とは，リース物件の取得価額相当額，維持管理等の費用，陳腐化によるリスク等のほとんどすべてのコストを負担することをいいます。

具体的には，次の(1)または(2)のいずれかに該当する場合には，ファイナンス・リース取引と判定されます（企業会計基準適用指針第16号「リース取引に関する会計基準の適用指針」第9項）。

(1)　現在価値基準

解約不能のリース期間中のリース料総額の現在価値が，当該リース物件を借手が現金で購入すると仮定した場合の合理的見積金額（見積現金購入価額）の概ね90%以上であること

(2)　経済的耐用年数基準

解約不能のリース期間が，当該リース物件の経済的耐用年数の概ね75%以上であること（ただし，リース物件の特性，経済的耐用年数の長さ，リース物件の中古市場の存在等を勘案すると，上記(1)の判定結果が90%を大きく下回ることが明らかな場合を除く。）

このような条件を満たすファイナンス・リースは，実質的には，リース物件を購入し，代金を長期の分割払いとするのと同じです。あるいは，リース会社から長期の資金を借り入れ，それでリース物件を購入したとみることもできます。

したがって，リース物件の所有権はリース会社にありますが，あたかも自社の資産であるかのように借り手が長期的に利用するので，借り手の貸借対照表にリース資産として計上し，毎期支払うリース料も借りた資金の元本と利息の返済とみてリース債務を負債に計上します。

すなわち，借り手は，リース取引開始時に，**通常の売買取引に係る方法に準**

じた会計処理（売買処理）により，リース物件とこれにかかる債務をリース資産およびリース債務として計上します。リース資産およびリース債務の計上額は，原則として，リース契約締結時に合意されたリース料総額からこれに含まれている利息相当額の合理的な見積額を控除して算定します。

利息相当額については，原則として，リース期間にわたり利息法により配分され，支払利息として損益計算書に計上されます。また，リース資産については，減価償却の対象とされ，損益計算書に減価償却費が計上されます。

これに対して，オペレーティング・リースは，**通常の賃貸借取引に係る方法に準じた会計処理（賃貸借処理）**により，リース資産およびリース債務は貸借対照表に計上されず，毎期のリース料が損益計算書に計上されるだけです。

これら売買処理と賃貸借処理という２つの方法が貸借対照表および損益計算書に及ぼす影響の違いは，**図表４－２**に示すとおりです。

図表４－２　売買処理と賃貸借処理の影響の相違

売買処理の場合

貸借対照表

リース資産	リース債務

損益計算書

減価償却費 支払利息	

賃貸借処理の場合

貸借対照表

計上せず	計上せず

損益計算書

支払リース料	

「リース取引に関する会計基準」は，ファイナンス・リースをさらにリース物件の所有権が借り手に移転すると認められるものとそれ以外のものに細分しています。

すなわち，ファイナンス・リース取引と判定されたもののうち，次の(1)～(3)のいずれかに該当する場合には所有権移転ファイナンス・リース取引とし，それ以外を所有権移転外ファイナンス・リース取引としています（「適用指針」第10項）。

⑴　リース契約上，リース期間終了後またはリース期間の中途で，リース物件の所有権が借手に移転することとされているリース取引（所有権移転条項付リース）

⑵　リース契約上，借手に対して，リース期間終了後又はリース期間の中途で，名目的価額又はその行使時点のリース物件の価額に比して著しく有利な価額で買い取る権利（割安購入選択権）が与えられており，その行使が確実に予想されるリース契約（割安購入選択権条項付リース）

⑶　リース物件が，借手の用途等に合わせて特別の仕様により製作又は建設されたものであって，当該リース物件の返還後，貸手が第三者に再びリース又は売却することが困難であるため，その使用可能期間を通じて借手によってのみ使用されることが明らかなリース取引（特別仕様のリース物件）

所有権移転外ファイナンス・リースについては，従来，オペレーティング・リースと同様に，通常の賃貸借取引に準じた会計処理も例外的に認められていました。すなわち，所有権移転外ファイナンス・リースについては，リースを資産・負債に計上しなくてもよいとされてきました。大半の日本企業は，この例外的な処理方法を利用してきました。

しかし，2008年4月1日以後開始する事業年度から適用された新しいリース会計基準においては，所有権移転外ファイナンス・リース取引に関する例外的な賃貸借処理は認められなくなりました。

第9節◆固定資産の減損

1　減損会計基準の公表

2002年8月，企業会計審議会から「固定資産の減損に係る会計基準」が公表されました。この基準は，固定資産の収益性が低下し，投資額を回収できなくなった場合に，固定資産の帳簿価額を回収可能価額まで減額することを求めています。ここでいう帳簿価額とは，取得原価から減価償却累計額を差し引いた現時点での帳簿上の価額のことです。

このような会計基準が設定された背景としては，次のような２つの事情があります。１つは，バブル崩壊以降，不動産をはじめとする固定資産の価格や収益性が著しく低下したにもかかわらず，固定資産の帳簿価額がその価値を過大に表示したまま将来に損失を繰り延べているのではないかという不信感が高まっていたことです。

もう１つの背景としては，会計基準の国際的調和化の要請があります。固定資産の減損に係る会計基準については，米国ではすでに1995年３月に公表されており，国際会計基準でも1998年６月に基準が公表されています。日本の固定資産の減損に係る会計基準は，先行した両者の基準を折衷したような内容となっています。

２　減損会計の手続き

「固定資産の減損に係る会計基準」は，固定資産を対象とした減損損失の認識と測定の手続きを次のように定めています。

①　グルーピングを行う

固定資産が減損しているかどうかの判定は，おおむね独立したキャッシュ・フローを生み出す最小の単位である「資産または資産グループ」ごとに行われます。単独でキャッシュ・フローを生み出す資産はあまりないので，通常は，**資産のグルーピング**が行われます。このグルーピングは，企業の投資意思決定やその後の経営計画等の内部管理用の情報に基づいて行われます。

②　減損の兆候の調査

この減損判定の最小単位としての資産または資産グループについて，減損が生じている可能性を示す兆候（ちょうこう）があるかどうかを調査します。**減損の兆候**とは，減損が生じている可能性を示す事象のことをいい，資産または資産グループが使用されている営業活動から生ずる損益またはキャッシュ・フローが継続してマイナスとなっている場合や，資産または資産グループの市場価格が著しく下

図表４-３　減損会計の基本的な仕組み

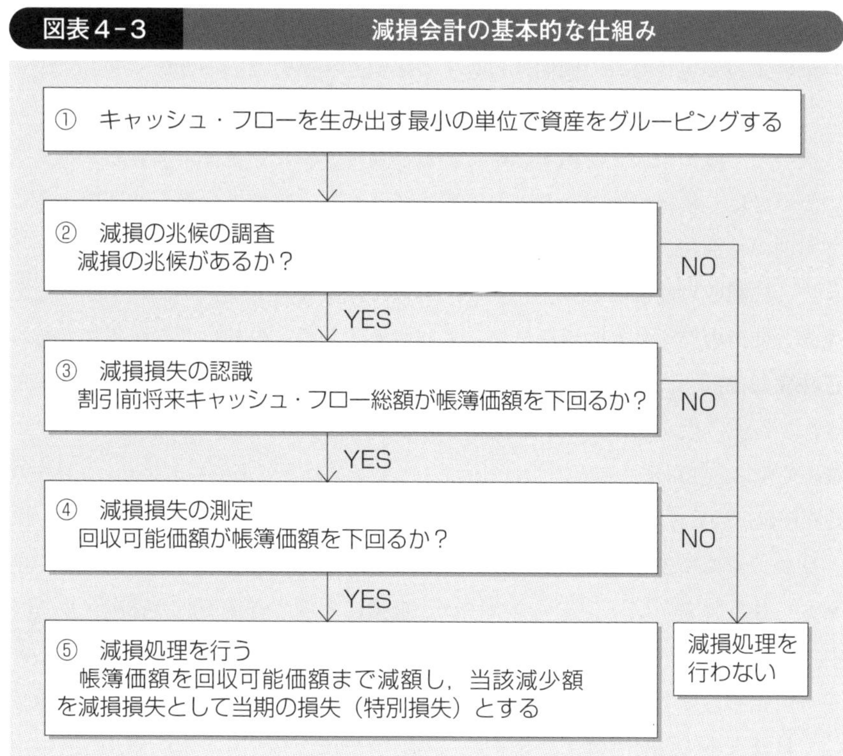
① キャッシュ・フローを生み出す最小の単位で資産をグルーピングする
② 減損の兆候の調査
減損の兆候があるか？
NO
YES
③ 減損損失の認識
割引前将来キャッシュ・フロー総額が帳簿価額を下回るか？
NO
YES
④ 減損損失の測定
回収可能価額が帳簿価額を下回るか？
NO
YES
⑤ 減損処理を行う
帳簿価額を回収可能価額まで減額し，当該減少額を減損損失として当期の損失（特別損失）とする
減損処理を行わない

落している場合などがこれに該当します。

③　**減損損失の認識**

資産または資産グループに減損の兆候がある場合には，減損損失を認識するかどうかの判定を行います。

この判定は，減損の兆候のある資産または資産グループが生み出す**現在価値に割り引く前の将来キャッシュ・フローの総額**とこれらの帳簿価額を比較することによって行われます。割引前の将来キャッシュ・フローの総額が帳簿価額を下回るときには，減損の存在が相当程度に確実であるとして，減損損失を認識することが求められます。

なお，ここでいう**現在価値**とは，資産が生み出すと予想される将来のキャッ

シュ・フローを現在時点での価値に換算した金額です。将来のキャッシュ・フローの金額を現在時点の価値に換算する手続きが割引という方法です。

④ **減損損失の測定**

次いで，減損損失を認識すべきであると判定された資産または資産グループについては，帳簿価額を回収可能価額まで減額し，当該減少額を減損損失として当期の特別損失とすることとなります。

ここに**回収可能価額**とは，企業が，資産または資産グループに対する投資を売却と使用のいずれかの手段によって回収するため，売却による回収額である**正味売却価額**（資産または資産グループの時価から処分費用見込額を控除して算定される金額）と，使用による回収額である**使用価値**（資産または資産グループの継続的使用と使用後の処分によって生ずると見込まれる将来キャッシュ・フローの現在価値）のいずれか高い方の金額をいいます。

なお，減損損失を認識するかどうかの判定および使用価値の算定に際して見積もられる将来キャッシュ・フローは，企業にとって資産または資産グループがどれだけの経済的な価値を有しているかを算定するために見積もられることから，企業に固有の事情を反映した合理的で説明可能な仮定および予測に基づいて見積もることとされています。

減損損失の認識 ⇒ 割引前将来キャッシュ・フロー ＜ 帳簿価額
減損損失の測定 ⇒ 減損損失 ＝ 帳簿価額 － 回収可能価額

＜設例４－２＞ 減損損失の処理

X1年12月31日にマリナーズ社が原価250,000千円，減価償却累計額50,000千円の機械装置をもっていると仮定しましょう。経営者は当該資産は今後４年間にわたって毎年40,000千円ずつ合計160,000千円のキャッシュ・フローを生み出すであろうと見積もりました。帳簿価額200,000千円（＝250,000千円－50,000千円）は期待される将来キャッシュ・フロー160,000千円よりも大きいので，資産は減損しているとみなされます。

次に経営者は，減損損失の金額を計算しなければなりません。もし経営者が適切な割引率を10％であると決定するならば，将来キャッシュ・フローの現在価値，すなわち使用価値は次のように計算されます。

40,000千円÷（1＋0.1）＋40,000千円÷（1＋0.1）^{2}＋40,000千円÷（1＋0.1）^{3}＋40,000千円÷（1＋0.1）^{4}＝126,792千円（各年千円未満切捨）

あるいは，期間4年，割引率10％のときの現在価値係数3.1698を用いて，40,000千円×3.1698＝126,792千円と計算することもできます。

もしこの機械装置の正味売却価額が110,000千円であるとすると，正味売却価額よりも使用価値の方が大きいので，回収可能価額は使用価値となり，減損損失額は次のように計算されます。

帳簿価額 200,000千円 － 使用価値 126,792千円 ＝ 減損損失 73,208千円

したがって，次のような仕訳が行われます。

（借）	減 損 損 失	73,208,000	（貸）	機 械 装 置	73,208,000

日本基準は，割引前の将来キャッシュ・フローに基づいて減損損失の認識を判定する点や，減損損失の戻入れを認めない点で米国基準と同様であり，減損損失の測定に公正価値（時価）ではなく回収可能価額を用いる点では国際会計基準と同様です。日本の減損会計基準は，いわば米国基準と国際会計基準を折衷（せっちゅう）した内容となっています（**図表4－4**参照）。

図表４－４　減損処理をめぐる国際会計基準・日本基準・米国基準の比較

	国際会計基準	日本基準	米国基準
減損損失の認識	回収可能価額が帳簿価額より低いとき	割引前将来キャッシュ・フローが帳簿価額より低いとき	割引前将来キャッシュ・フローが帳簿価額より低いとき
減損損失の測定	帳簿価額－回収可能価額	帳簿価額－回収可能価額	帳簿価額－公正価値
減損損失の戻入れ	のれんを除き，認められる	認められない	認められない

考えてみよう・調べてみよう

⑴　固定資産を交換で取得した場合，どのように取得原価を決定すべきか論じなさい。

⑵　減価償却の意義について説明しなさい。

⑶　減価償却方法を変更した企業を探し出し，その変更理由と利益に及ぼす影響について調べてみましょう。

⑷　巨額の減損損失を計上した企業を探し出し，減損の対象となったのはどのような資産か，どのような回収可能価額を用いたのか，利益にはどのような影響があったのか，などについて調べてみましょう。

第5章 無形固定資産および繰延資産の会計

本章では，ソフトウェア制作費および繰延資産について学びます。繰延資産は，かつては期間損益計算の観点から重要な項目とされてきましたが，最近では資産性の観点から次第にその範囲が制限されてきています。収益・費用アプローチから資産・負債アプローチへの会計観の変遷にも注目しましょう。

第1節◆無形固定資産

無形固定資産（intangible fixed assets）は，具体的な形態をもたないが，企業の経営活動に長期的に利用される資産です。無形固定資産には，法律上の権利およびそれに準ずるものと，法律上の権利ではないけれども企業にとって経済的価値を有するものの2つのタイプがあります。

法律上の権利としては，特許権，商標権，実用新案権，意匠権，借地権，鉱業権，著作権などがあります。後者の例としては，他の企業を買収したときにその企業の超過収益力に対して支払われる**のれん**（goodwill）が代表的なものです。さらに，**ソフトウェア制作費**の一部も無形固定資産に計上されることになりました。

法律上の権利としての無形固定資産の取得原価は，取得のために要した金額です。贈与等無償で取得した場合には，有形固定資産と同様，公正な評価額をもって取得原価とします。これらの無形固定資産については，有形固定資産と同様に，償却の手続きによって取得原価を耐用年数にわたって規則的に配分することが必要です。一般に，残存価額はゼロとみなし，定額法により償却します。耐用年数としては，当該権利の法定有効期間よりも短い期間が用いられます。なお，鉱業権については，生産高比例法が適用されます。

のれんとは，ある企業が同業他社に比べて超過収益力をもつ場合，その超過収益力に対する対価です。超過収益力の源泉としては，一般に，有利な立地条件，優秀な人材，卓越した生産システム，取引先との緊密な関係などがあります。日本でも，企業買収が盛んになってきており，のれんが計上されるケースが増大しています。

のれんには，企業内部で創出された自己創設のれんと，他から有償取得したのれんがありますが，会計上資産として計上できるのは有償取得のれんに限られます。自己創設のれんの資産性が認められないのは，その価値を客観的に評価することが困難であるからです。

有償取得したのれんは資産として計上され，20年以内のその効果の及ぶ期間にわたって，定額法その他の合理的な方法により規則的に償却されます。

近年，無形固定資産に計上されるケースが多くなった項目として，ソフトウェア制作費があります。ソフトウェア制作費については，第４節で取り上げます。

第２節◆繰延資産の意義

資産は，流動固定の分類基準に従い，流動資産と固定資産に分かれます。さらに，貸借対照表上の資産の部には，繰延資産という特殊な資産が計上されます。

繰延資産とは，すでに代価の支払いが完了しまたは支払義務が確定し，これに対応する役務の提供を受けたにもかかわらず，その効果が将来にわたって発現するものと期待される費用について，その効果が及ぶ期間に合理的に配分するために，経過的に資産として貸借対照表に計上されるものをいいます（「企業会計原則」第三・一・Dおよび同注解（注15））。

すでに発生した費用を経過的に資産として繰り延べるのは，その効果が将来にわたって発現するものと期待される費用については，発生した期の費用とするよりも，むしろその効果が発現する期間の収益に対応させる方が，適正な期間損益計算に資すると考えられるからです。

したがって，繰延資産は，**費用収益対応の原則**に基づき，将来の収益に対応させるために，発生した期の費用とせずに貸借対照表に経過的に計上することが認められる資産です。すなわち，積極的に資産性が認められて貸借対照表に計上されるというよりも，むしろその効果が発現する期間の収益と適切に対応させるために，すでに発生した費用を次期以降に繰り延べるのです。

「企業会計原則」は，繰延資産として，次の８項目を挙げています（貸借対照表原則四・（一）・C）。

①創立費，②開業費，③新株発行費，④社債発行費，⑤社債発行差金，⑥開発費，⑦試験研究費，⑧建設利息

しかし，その後に設定された会計基準や会社法により，社債発行差金，試験研究費および建設利息は繰延資産として計上することが認められなくなりました。現行の実務は，2006年８月に企業会計基準委員会から公表された**実務対応報告第19号「繰延資産の会計処理に関する当面の取扱い」**に従うことになります。

実務対応報告第19号では，繰延資産として次のような５項目が挙げられています。

①　株式交付費，②　社債発行費等（新株予約権の発行に係る費用を含む。），③　創立費，④　開業費，⑤　開発費

これらの項目は，すでに発生した費用ですが，その効果が将来にわたって発現するものと期待される費用なので，発生した期の費用とせずに，その効果が及ぶ期間の収益に対応させるために，繰延資産として貸借対照表に計上するこ

とも認められています。

第3節◆研究開発費等に係る会計基準

1　基準設定の必要性

1998年（平成10年）3月13日に，企業会計審議会から「**研究開発費等に係る会計基準の設定に関する意見書**」が公表されました。「意見書」の前文（二）では，研究開発費等会計基準の設定の必要性が次のように述べられています。

① 企業活動における研究開発の重要性がいっそう増大しており，研究開発費の総額や研究開発の内容等の情報は，企業の経営方針や将来の収益予測に関する重要な投資情報として位置づけられている。
② 従来から試験研究費および開発費という概念があるが，その範囲が必ずしも明確でなく，また，資産計上が任意となっていること等から，内外企業間の比較可能性が阻害されている。

このような状況を踏まえ，企業の研究開発に関する適切な情報提供，企業間の比較可能性および国際的調和の観点から，研究開発費に係る会計基準を整備することが必要であったとされています。

また，高度情報化社会の進展の中で，企業活動におけるソフトウェアの果たす役割が急速に重要性を増し，その制作のために支出する額も次第に多額になってきているため，ソフトウェア制作過程における研究開発の範囲を明らかにするとともに，研究開発費に該当しないソフトウェア制作費に係る会計処理の基準についても明らかにすることとされました。

2　研究開発の範囲

「研究開発費等に係る会計基準」では，研究とは，「新しい知識の発見を目的とした計画的な調査及び探究」をいい，開発とは，「新しい製品・サービス・生産方法（以下，「製品等」という。）についての計画若しくは設計または既存の製品等を著しく改良するための計画若しくは設計として，研究の成果その他の知識を具体化すること」をいうとされています。

このような抽象的な定義では具体性に欠けるので，「研究開発費及びソフトウェアの会計処理に関する実務指針」（第２項）では，研究開発の典型例として次のような９項目が列挙されています。

① 従来にはない製品，サービスに関する発想を導き出すための調査・探求
② 新しい知識の調査・探求の結果を受け，製品化又は業務化等を行うための活動
③ 従来の製品に比較して著しい違いを作り出す製造方法の具体化
④ 従来と異なる原材料の使用方法又は部品の製造方法の具体化
⑤ 既存の製品，部品に係る従来と異なる使用方法の具体化
⑥ 工具，治具，金型等について，従来と異なる使用方法の具体化
⑦ 新製品の試作品の設計・製作及び実験
⑧ 商業生産化するために行うパイロットプラントの設計，建設等の計画
⑨ 取得した特許を基にして販売可能な製品を製造するための技術的活動

このような研究開発活動のために生じた費用は研究開発費と呼ばれますが，「研究開発費には，人件費，原材料費，固定資産の減価償却費及び間接費の配賦額等，研究開発のために費消されたすべての原価が含まれる。」とされています。

また，「特定の研究開発目的にのみ使用され，他の目的に使用できない機械装置や特許権等を取得した場合の原価は，取得時の研究開発費とする。」とされています。

なお，「本基準は，一定の契約のもとに，他の企業に行わせる研究開発については適用するが，他の企業のために行う研究開発については適用しない。」とされています。すなわち，他の企業に委託した研究開発の費用は研究開発費に該当しますが，他の企業から受託した研究開発は自社のための研究開発活動

ではないので，当基準は適用されません。

さらに，「本基準は，探査，掘削等の鉱業における資源の開発に特有の活動については適用しない。」とされています。これは，鉱業における天然資源の開発は，同じ「開発」という用語が用いられていますが，研究開発とは異なるものであるということから適用除外とされています。

3　研究開発費に係る会計処理

従来，試験研究費および開発費については，発生時に費用処理することも，繰延資産として貸借対照表に計上することも，選択肢として認められていました。しかし，「研究開発費等に係る会計基準の設定に関する意見書」は，「重要な投資情報である研究開発費について，企業間の比較可能性を担保することが必要であり，費用処理又は資産計上を任意とする現行の会計処理は適当でない。」として，選択適用を認めないこととしました。

資産計上についても，「研究開発費は，発生時には将来の収益を獲得できるか否か不明であり，また，研究開発計画が進行し，将来の収益の獲得期待が高まったとしても，依然としてその獲得が確実であるとはいえない。」とされ，研究開発費を資産として貸借対照表に計上することは適当でないとしています。

「また，仮に，一定の要件を満たすものについて資産計上を強制する処理を採用する場合には，資産計上の要件を定める必要がある。しかし，実務上客観的に判断可能な要件を規定することは困難であり，抽象的な要件のもとで資産計上を求めることとした場合，企業間の比較可能性が損なわれるおそれがあると考えられる。」として，一定の要件を満たす研究開発費のみ資産計上を強制する考え方も否定されています。

したがって，「研究開発費は，すべて発生時に費用として処理しなければならない。」とされています。この場合，費用として処理する方法には，一般管理費として処理する方法と当期製造費用として処理する方法があります。

すなわち，研究開発費は，新製品の計画・設計または既存製品の著しい改良等のために発生する費用であり，一般的には原価性がないと考えられるため，通常，一般管理費として処理されます。ただし，製造現場において研究開発活動が行われ，かつ，当該研究開発に要した費用を一括して製造現場で発生する原価に含めて計上しているような場合があることから，研究開発費を当期製造費用として処理する方法も認められています。

なお，研究開発の規模について企業間の比較可能性を担保するため，一般管理費および当期製造費用に含まれる研究開発費の総額は，財務諸表に注記しなければなりません。

第4節◆ソフトウェア制作費

近年，無形固定資産に計上されるケースが多くなった項目として，ソフトウェア制作費があります。「研究開発費等に係る会計基準」によれば，ソフトウェア制作費のうち研究開発に該当する部分については，すべて発生時に費用として処理することとされています。

他方，研究開発に該当しないソフトウェア制作費は，制作目的別に次のように3つに分類され，それぞれの会計処理が規定されています。

①　受注制作のソフトウェア
②　市場販売目的のソフトウェア
③　自社利用のソフトウェア

ソフトウェアの制作費は，その制作目的により，将来の収益との対応関係が異なること等から，取得形態（自社制作，外部購入）別ではなく，制作目的別に会計処理が規定されています。

1　受注制作のソフトウェア

受注制作のソフトウェアの制作は，建設業などにおける請負工事に類似しているため，請負工事の会計処理に準じて処理します。なお，現在では，2018年に公表された「収益認識に関する会計基準」が適用されます。

2 市場販売目的のソフトウェア

ソフトウェアを市場で販売する場合には，製品マスター（複写可能な完成品）を制作し，これを複写したものを販売することになります。この製品マスター制作費のうち，最初に製品化された製品マスターが完成するまでの研究開発に該当する部分については発生時に費用処理します。

研究開発終了後の製品マスターまたは購入したソフトウェアの機能の改良や強化を行う制作活動のための費用は，資産として計上しなければなりません。ただし，著しい改良と認められる場合には，研究開発に該当するとみなされ，研究開発費として処理します。

製品マスターは，それ自体は販売の対象物ではなく，機械装置等と同様にこれを利用（複写）して製品を作成すること，製品マスターは法的権利（著作権）を有すること，および，適正な原価計算により取得原価を明確化できることから，その取得原価を無形固定資産として計上します。

これに対して，製品としてのソフトウェアの制作費については，その製造原価を棚卸資産として計上します。

なお，バグ取り等，機能維持に要した費用は，機能の改良・強化を行う制作活動には該当せず，発生時に費用として処理することになります。

「研究開発費等に係る会計基準」（注３）は，ソフトウェア制作における研究開発費について，次のように述べています。

> 市場販売目的のソフトウェアについては，最初に製品化された製品マスターの完成までの費用及び製品マスター又は購入したソフトウェアに対する著しい改良に要した費用が研究開発費に該当する。

研究開発終了後のソフトウェア制作費の会計処理については，次のようにまとめられます。

図表５－１　研究開発終了後のソフトウェア制作費の会計処理

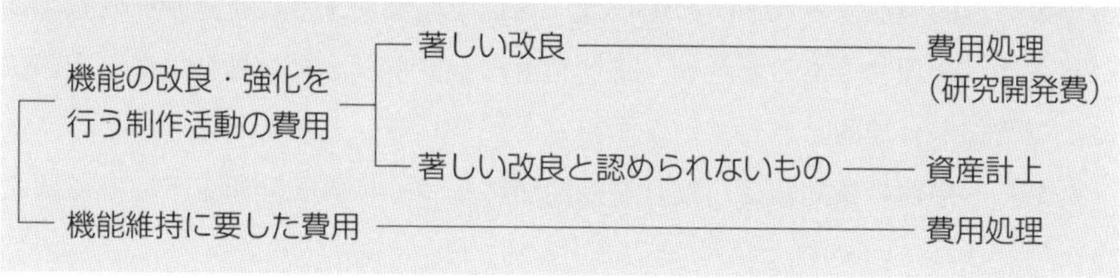

- 機能の改良・強化を行う制作活動の費用
  - 著しい改良 ―― 費用処理（研究開発費）
  - 著しい改良と認められないもの ―― 資産計上
- 機能維持に要した費用 ―― 費用処理

＜設例５－１＞　市場販売目的のソフトウェアの制作費

(1)　市場販売目的のソフトウェアの最初の製品マスターが完成しました。その制作には2,000万円の人件費がかかりました。

（借）	研究開発費	20,000,000	（貸）	給与手当	20,000,000

(2)　製品マスターの機能の改良・強化のために，1,500万円の人件費がかかりました。

（借）	ソフトウェア （無形固定資産）	15,000,000	（貸）	給与手当	15,000,000

購入したソフトウェアや製品マスターの機能の改良・強化のための費用は，原則として資産に計上されます。ただし，著しい改良と認められる場合には，研究開発に該当するとみなされ，研究開発費として処理します。

３　自社利用のソフトウェア

将来の収益獲得または費用削減が確実である自社利用のソフトウェアについては，将来の収益との対応の観点から，その取得に要した費用を無形固定資産として計上し，その利用期間にわたり償却することになります。

４　ソフトウェアの償却

無形固定資産に計上されたソフトウェアの取得原価は，その性格に応じて，見込販売数量に基づく方法その他の合理的な方法により償却します。一般に，市場販売目的のソフトウェアの場合は，見込販売数量または見込販売収益に基づく方法が合理的であるとされ，自社利用のソフトウェアの場合には，定額法による償却が合理的とされています。

ただし，毎期の償却額は，残存有効期間に基づく均等配分額を下回ってはならないとされています。

＜設例５-２＞　市場販売目的のソフトウェアの償却

X1年度期首に市場販売目的のソフトウェア制作費2,100万円を無形固定資産として計上しました。このソフトウェアの有効期間は３年と見込まれます。また，３年間の見込販売数量は次のとおりです。

X1年度　800個，X2年度　600個，X3年度　700個，合計　2,100個

見込販売数量に基づく方法による各年度の償却費を求めなさい。

＜解説＞

ソフトウェアの償却費は，残存有効期間に基づく均等配分額を下回ってはならないとされていますので，①見込販売数量に基づく償却額と，②残存有効期間に基づく償却額，のいずれか大きい方の金額となります。

＜X1年度＞

①　見込販売数量に基づく償却額　2,100万円×800個÷2,100個＝800万円

②　残存有効期間に基づく償却額　2,100万円÷３年＝700万円

①＞②であるので，X1年度の償却額は800万円となります。

＜X2年度＞

①　見込販売数量に基づく償却額（2,100万円－800万円）×600個÷1,300個
＝600万円

②　残存有効期間に基づく償却額（2,100万円－800万円）÷２年＝650万円

①＜②であるので，X2年度の償却額は650万円となります。

＜X3年度＞

ソフトウェアの残高全額を償却費とします。

(2,100万円－800万円－650万円)＝650万円

なお，各年度の仕訳を示すと，次のようになります。

X1年度	（借）	ソフトウェア償却	8,000,000	（貸）	ソフトウェア	8,000,000
X2年度	（借）	ソフトウェア償却	6,500,000	（貸）	ソフトウェア	6,500,000
X3年度	（借）	ソフトウェア償却	6,500,000	（貸）	ソフトウェア	6,500,000

<設例５-３>　自社利用のソフトウェアの償却

X1年１月に自社利用のソフトウェア制作費2,000万円を無形固定資産として計上しました。このソフトウェアの利用可能期間は５年と見込まれます。決算日（X1年３月31日）の仕訳を示しなさい。

<解説>

自社利用のソフトウェアについては，定額法により償却します。X1年１月から３月までの償却費は，次のように計算されます。

$$2{,}000\text{万円}\times\frac{1\text{年}}{5\text{年}}\times\frac{3\text{ヵ月}}{12\text{ヵ月}}=100\text{万円}$$

（借）	ソフトウェア償却	1,000,000	（貸）	ソフトウェア	1,000,000

第５節◆繰延資産の会計処理

すでに述べたように，実務対応報告第19号「繰延資産の会計処理に関する当面の取扱い」では，繰延資産として，①株式交付費，②社債発行費等（新株予約権の発行に係る費用を含む。），③創立費，④開業費，⑤開発費の５項目が挙げられています。これらの項目は，いずれも原則として，支出時に費用として処理することとされています。ただし，繰延資産に計上することもできます。

1　株式交付費

株式交付費は，新株の発行または自己株式の処分にかかる費用です。会社法においては，新株の発行と自己株式の処分の募集手続きは募集株式の発行等として同一の手続きによることとされ，また，株式の交付を伴う資金調達などの財務活動に要する費用としての性格は同じであることから，新株の発行と自己株式の処分に係る費用を合わせて株式交付費とされています。

株式交付費には，たとえば，株式募集のための広告費，金融機関の取扱手数料，証券会社の取扱手数料，目論見書・株券等の印刷費，変更登記の登録免許税，その他株式の交付等のために直接支出した費用が含まれます。

株式交付費は，原則として，支出時に費用（営業外費用）として処理します。ただし，企業規模の拡大のためにする資金調達などの財務活動（組織再編の対価として株式を交付する場合を含む。）に係る株式交付費については，繰延資産に計上することができます。この場合には，株式交付のときから３年以内のその効果の及ぶ期間にわたって，定額法により償却しなければなりません。

なお，繰延資産に該当する株式交付費は，繰延資産の性格から，企業規模の拡大のためにする資金調達などの財務活動に係る費用を前提としているため，株式の分割や株式無償割当てなどに係る費用は，繰延資産には該当せず，支出時に費用として処理することになります。また，この場合には，これらの費用を販売費及び一般管理費に計上することができます。

2　社債発行費等

社債発行費とは，社債募集のための広告費，金融機関の取扱手数料，証券会社の取扱手数料，目論見書・社債券等の印刷費，社債の登記の登録免許税，その他社債発行のために直接支出した費用です。

社債発行費は，原則として，支出時に費用（営業外費用）として処理します。ただし，社債発行費を繰延資産に計上することができます。この場合には，社債の償還までの期間にわたり利息法により償却しなければなりません。ただし，継続適用を条件として，定額法を採用することもできます。

また，新株予約権の発行に係る費用についても，資金調達などの財務活動（組織再編の対価として新株予約権を交付する場合を含む。）に係るものについては，社債発行費と同様に繰延資産として会計処理することができます。この場合には，新株予約権の発行のときから，３年以内のその効果の及ぶ期間にわたって，定額法により償却しなければなりません。

ただし，新株予約権が社債に付されている場合で，当該新株予約権付社債を一括法により処理するときは，当該新株予約権付社債の発行に係る費用は，社債発行費として処理します。

なお，「会社計算規則」（第６条第２項第２号）において，払込みを受けた金額が債務額と異なる社債については，事業年度の末日における適正な価格を付すことができるとされたことから，これまで繰延資産として取り扱われてきた社債発行差金に相当する額は，国際的な会計基準と同様，社債金額から直接控除することとされました（「金融商品に関する会計基準」第26項）。

３　創 立 費

創立費とは，会社の負担に帰すべき設立費用，たとえば，定款および諸規則作成のための費用，目論見書・株券等の印刷費，創立総会に関する費用その他会社設立事務に関する必要な費用，発起人が受ける報酬で定款に記載して創立総会の承認を受けた金額，ならびに設立登記の登録免許税等をいいます。

創立費は，原則として，支出時に費用（営業外費用）として処理します。ただし，創立費を繰延資産に計上することができます。この場合には，会社の成立のときから５年以内のその効果の及ぶ期間にわたって，定額法により償却しなければなりません。

４　開 業 費

開業費とは，土地建物等の賃借料，広告宣伝費，通信交通費，事務用消耗品費，支払利子，使用人の給料，保険料，電気・ガス・水道料等で，会社成立後営業開始時までに支出した開業準備のための費用をいいます。

開業費は，原則として，支出時に費用（営業外費用）として処理します。ただし，開業費を繰延資産に計上することができます。この場合には，開業のときから５年以内のその効果の及ぶ期間にわたって，定額法により償却しなければなりません。

なお，「開業のとき」には，その営業の一部を開業したときも含まれます。また，開業費を販売費及び一般管理費として処理することもできます。

５　開 発 費

開発費とは，新技術または新経営組織の採用，資源の開発，市場の開拓等のために支出した費用，生産能率の向上または生産計画の変更等により，設備の大規模な配置換えを行った場合等の費用をいいます。ただし，経常費の性格をもつものは開発費には含まれません。

開発費は，原則として，支出時に費用（売上原価または販売費及び一般管理費）として処理します。ただし，開発費を繰延資産に計上することができます。この場合には，支出のときから５年以内のその効果の及ぶ期間にわたって，定額法その他の合理的な方法により規則的に償却しなければなりません。

図表５-２の６項目については，繰延資産として計上することが認められますが，支出の効果が期待されなくなった繰延資産は，その未償却残高を一時に償却しなければなりません。

図表5-2　繰延資産の償却方法

繰延資産の項目	償　却　方　法
株式交付費	3年以内のその効果の及ぶ期間にわたって定額法により償却
社債発行費	社債の償還までの期間にわたり利息法により償却 継続適用を条件として定額法を採用することができる
新株予約権発行費	新株予約権発行のときから，3年以内のその効果の及ぶ期間にわたって定額法により償却
創　立　費	会社の成立のときから5年以内のその効果の及ぶ期間にわたって定額法により償却
開　業　費	開業のときから5年以内のその効果の及ぶ期間にわたって定額法により償却
開　発　費	支出のときから5年以内のその効果の及ぶ期間にわたって定額法その他の合理的な方法により規則的に償却

第6節◆繰延資産と分配規制

繰延資産はすでに発生した費用であるので，たとえ資産に計上したとしても，換金性はなく負債の返済原資とはなりえません。そこで，会社法の観点からは，繰延資産は，本来の資産とは異なる**擬制資産**とみなされています。

したがって，会社法では，適正な期間損益を算定するという会計目的から「繰延資産として計上することが適当であると認められるもの」(「会社計算規則」第74条第3項第5号）を貸借対照表に資産として計上することを認めていますが，繰延資産に計上した額については，剰余金の分配制限規定を設けています。

すなわち，会社計算規則（第158条第1項第1号）では，「資産の部に計上したのれんの額の2分の1と繰延資産の部に計上した額の合計額」(これを**のれん等調整額**といいます。）と資本金・準備金・その他剰余金の合計額を比較して，一定の金額を分配可能額から控除することとされています。

考えてみよう・調べてみよう

⑴　繰延資産については，なぜ発生時の費用とせずに，繰延処理が認められるのか，その理由を説明しなさい。

⑵　研究開発費のありうべき会計処理方法を挙げて，比較論評しなさい。

⑶　ソフトウェア制作費の会計処理について，制作目的別に説明しなさい。

⑷　企業が実際にどのような繰延資産を計上しているか，調べてみましょう。

第6章 金融資産の会計

本章では，貸倒見積高の算定方法，有価証券の会計処理，およびデリバティブの会計処理について学びます。とくに，有価証券の保有目的別の会計処理方法をよく理解しましょう。デリバティブについては，やや難しいですが，がんばりましょう。

第1節◆金融資産

「金融商品に関する会計基準」によれば，金融資産とは，現金預金，受取手形，売掛金および貸付金等の金銭債権，株式その他の出資証券および公社債等の有価証券並びに先物（さきもの）取引，先渡（さきわたし）取引，オプション取引，スワップ取引およびこれらに類似する取引（以下，「デリバティブ取引」という。）により生じる正味の債権等をいいます。この中には，流動資産の当座資産に含まれる項目のほか，固定資産の投資その他の資産に該当する項目もあります。

第2節◆当座資産

当座資産（quick assets）とは，現金または直ちに現金化できる状態にある資産で，基本的な支払能力を示します。これには，現金預金，受取手形，売掛金，短期貸付金，短期所有の有価証券などが含まれます。

金銭債権は貸倒れの危険があることから，貸倒見積額を控除した額（回収可能額）で貸借対照表に表示します。見積額であるので，直接差し引くのではなく，貸倒引当金として処理します。

貸倒見積高の算定にあたっては，債務者の財政状態や経営成績などに応じて債権を一般債権，貸倒懸念債権，破産更生債権等に区分し，その区分ごとに貸倒見積高を算定することとされています。

すなわち，債務者の財務状況に応じて債権を，①経営状況に重大な問題が生じていない債務者に対する債権（一般債権），②経営破綻には至っていないが，債務の弁済に重大な問題が生じているかまたは生じる可能性の高い債務者に対する債権（貸倒懸念債権），③経営破綻または実質的に経営破綻に陥っている債務者に対する債権（破産更生債権等），の３つに区分し，その区分ごとに貸倒見積高の算定方法を次のように示しています。

図表６-１　貸倒見積高の算定方法

区　分	算　定　方　法
一般債権	貸倒実績率等
貸倒懸念債権	・担保等により回収できない部分について必要額 ・元利金のキャッシュ・フローを割り引いた現在価値
破産更生債権等	担保等により回収できない部分の全額

すなわち，一般債権については，債権全体または同種・同類の債権ごとに，債権の状況に応じて求めた過去の貸倒実績率等合理的な基準により貸倒見積高を算定します。

貸倒懸念債権については，担保の処分見込額および保証による回収見込額を超える部分について債務者の財政状態および経営成績を考慮して貸倒見積高を算定する方法（財務内容評価法），あるいは，元利金のキャッシュ・フローの予想額を当初利子率で割り引いた額と帳簿価額の差を貸倒見積高とする方法（キャッシュ・フロー見積法）のいずれかによります。

破産更生債権等については，債権額から担保の処分見込額および保証による回収見込額を減額し，その残額を貸倒見積高とします。

第3節◆有価証券

会計上，有価証券の代表的なものは，国債，地方債，社債などの債券と株式です。有価証券については，「金融商品に関する会計基準」では，時価評価を基本としつつ保有目的等に応じた処理方法を定めるという方針がとられています。

図表6-2　有価証券の会計処理

種　　類	評価基準	評価差額の処理
売買目的有価証券	時価法	当期の損益に計上
満期保有目的の債券	原価法または償却原価法	
子会社株式・関連会社株式	原価法	
その他有価証券	時価法	税効果調整のうえ純資産の部に計上
市場価格のない株式等	原価法	

1　**売買目的有価証券**……時価の変動により利益を得ることを目的として保有する有価証券

市場価格の変動によって利益を得ることを目的として保有していますので，その活動の成果は期末時点での時価に求められることから，時価をもって貸借対照表価額とし，その評価差額は損益計算書に有価証券運用損益として計上します。

<設例6-1>　売買目的有価証券の会計処理

短期的な売買目的で保有しているA社株式（帳簿価額1株450円）5,000株の決算日の1株当たり時価が500円になりました。決算日の仕訳を示しなさい。

＜解説＞

有価証券評価益は（500円－450円）×5,000株＝250,000円と計算されます。

（借）	売買目的有価証券	250,000	（貸）	有価証券評価益	250,000

有価証券評価益は，損益計算書上，「有価証券運用損益」という科目で表示します。

2　満期保有目的の債券……満期まで所有する意図をもって保有する債券

満期までの間の金利変動等による価格変動リスクを認める必要がないことから，取得原価をもって貸借対照表価額とします。ただし，債券を債券金額より低い価額または高い価額で取得した場合において，取得価額と債券金額との差額の性格が金利の調整と認められるときは，償却原価法に基づいて算定された価額をもって貸借対照表価額としなければなりません。

償却原価法とは，「金融資産または金融負債を債権額または債務額と異なる金額で計上した場合において，当該差額に相当する金額を弁済期または償還期に至るまで毎期一定の方法で取得価額に加減する方法をいう。」（「金融商品に関する会計基準」注5）とされています。この場合，各期に配分された加減額は受取利息または支払利息に含めて処理されます。

取得差額が生じる要因としては，債券の約定（やくじょう）利子率（stated interest rate）と取得時の市場利子率との調整が挙げられます。たとえば，債券の約定利子率が同じリスクをもつ債券の市場利子率を上回る場合には，債券金額より高い価額で（割増しで）販売されるでしょう。反対に約定利子率が市場利子率を下回る場合には，債券金額より低い価額で（割り引いて）販売されるでしょう。割引額と割増額は利息を調整するものであり，これらも考慮に入れた利子率を**実効利子率**（effective interest rate）といいます。

債券金額と異なる金額で取得された債券は，債券金額では記録されず，取得原価で記録されます。取得価額と債券金額の差額は，各期に適切な受取利息額を配分するため，債券の残存期間にわたって償却されます。割引額・割増額を償却する方法には，一定額ずつ償却する**定額法**（straight-line method）と実効利子率に基づいて一定率ずつ償却する**利息法**（interest method）があります。

日本公認会計士協会の「金融商品会計に関する実務指針」（第70項）によれば，「利息法とは，債券のクーポン受取総額と金利調整差額の合計額を債券の帳簿価額に対し一定率（実効利子率）となるように，複利をもって各期の損益に配分する方法をいう」とされています。実務指針では，原則として利息法によるとされていますが，継続適用を条件として簡便法である定額法の採用も認められています。以下では，償却原価法の処理を簡単な設例でもって示してみましょう。

＜設例6-2＞　満期保有目的債券の会計処理

ヤンキース社がX1年４月１日に958,766円でレッドソックス社発行の1,000,000円の券面額をもつ社債（約定利子率３％，利払い日３月31日，満期日X4年３月31日）を購入したと仮定しましょう。ヤンキース社はこの社債を満期まで保有し続ける意図を持っています。割引額41,234円（1,000,000円－958,766円）を考慮に入れると実効利子率は４.５％になります。

実効利子率は，次の算式が成立するような率rとして求められます。

$$30{,}000 \div (1+r) + 30{,}000 \div (1+r)^2 + 1{,}030{,}000 \div (1+r)^3 = 958{,}766$$

上の式の左辺の第１項は，１年後に支払われる利息30,000円の現在価値を求めるものです。第２項は，２年後に支払われる利息30,000円の現在価値です。第３項は，３年後に支払われる利息（30,000円）と返済される元本（1,000,000円）の合計額の現在価値です。

この算式を解くと，実効利子率 r ＝４.５％が求められます。

取得時（X1年４月１日）の仕訳は次のとおりです。

（借）満期保有目的債券	958,766	（貸）現金預金	958,766

償却原価法を適用する場合には，次のような有価証券利息と割引額償却の計算表を作成すると便利です。

図表6－3　満期保有目的債券の有価証券利息・割引額償却の計算表（利息法）

日　付	(A)実際に現金で受け取る利息額(1,000,000×3%)	(B)収益として計上される有価証券利息((D)×4.5%)	(C)割引額償却((B)－(A))	(D)有価証券の帳簿価額((D)＋(C))
X1／4／1				958,766
X2／3／31	30,000[a]	43,144[b]	13,144[c]	971,910[d]
X3／3／31	30,000	43,736	13,736	985,646
X4／3／31	30,000	44,354	14,354	1,000,000

a　1,000,000×0.03（元本に約定利子率をかけて計算）
b　958,766×0.045（有価証券の期首帳簿残高に実効利子率をかけて計算）
c　43,144－30,000（収益として計上される有価証券利息から実際に受け取る利息を控除して計算）
d　958,766＋13,144（期首帳簿価額に割引額償却を加えて計算）

図表6－4　満期保有目的債券の有価証券利息・割引額償却の計算表（定額法）

日　付	現金受取額	割引額償却	有価証券利息	有価証券の帳簿価額
X1／4／1				958,766
X2／3／31	30,000[a]	13,745[b]	43,745[c]	972,511[d]
X3／3／31	30,000	13,745	43,745	986,256
X4／3／31	30,000	13,744[e]	43,744	1,000,000

a　1,000,000×0.03（元本に約定利子率をかけて計算）
b　(1,000,000－958,766)÷3（債券金額と取得価額の差額を3年間に均等に配分）
c　30,000＋13,745（実際に受け取る利息に割引額償却を加えて計算）
d　958,766＋13,745（期首帳簿価額に割引額償却を加えて計算）
e　端数を合わせるため調整しています。

図表6－3および**図表6－4**は，それぞれ利息法と定額法による，有価証券利息，割引額償却，および，有価証券の帳簿価額の計算表です。最初の利息を受け取るX2年3月31日の仕訳は，利息法によれば次のようになります。

(借)	現　金　預　金	30,000	(貸)　有価証券利息	43,144
	満期保有目的債券	13,144		

割引額の償却額は満期保有目的債券勘定に直接借方記入され，償却された割引額だけ満期保有目的債券勘定の帳簿価額は増加します。定額法が用いられる場合には，**図表6-4**の金額を用いて同様の仕訳が行われます。

(借)	現　金　預　金	30,000	(貸)　有価証券利息	43,745
	満期保有目的債券	13,745		

3　子会社株式および関連会社株式

企業を支配する目的で保有している有価証券は，子会社や関連会社の事業に対して直接に投資しているとみなされ，財務活動とはいえないことから時価の変動は成果とはとらえないため，取得原価をもって貸借対照表価額とします。

4　その他有価証券……上記のいずれにも分類できない有価証券

取引先との間でお互いに相手の株式を持ち合う，いわゆる持ち合い株式が代表的なものです。その他有価証券については，時価をもって貸借対照表価額としますが，事業遂行上等の必要性から直ちに売買・換金を行うことには制約があることから，その評価差額を直ちに当期の損益として処理することは適切ではありません。したがって，評価差額はその他有価証券評価差額金という科目で純資産の部の評価・換算差額等の区分に直接計上します。この方法は，**全部純資産直入法**と呼ばれています。

その際，評価差額は税務上益金または損金として認定されないので，税効果会計が適用されます。たとえば，その他有価証券の評価差額がプラスの時は税効果相当額が繰延税金負債として負債の部に計上され，残余が純資産の部に区分計上されます。反対に，その他有価証券の評価差額がマイナスの時は税効果相当額が繰延税金資産として資産の部に計上され，残余が純資産の部に区分計上されます。税効果会計については，本書の第10章「税効果会計」で詳しく取り上げます。

また，従来の保守主義の考え方を考慮して，時価が取得原価を上回る銘柄の評価差額は純資産の部に計上し，時価が取得原価を下回る銘柄の評価差額は当期の損失として処理することもできます。この方法は，**部分純資産直入法**と呼ばれています。

評価差額については，洗い替え方式が採用されており，毎期末の時価と取得原価との比較により算定されます。

<設例6-3>　その他有価証券の会計処理

取得原価100万円の有価証券をその他有価証券として保有しています。有価証券の決算日の時価が80万円になりました。決算日の仕訳を示しなさい。実効税率は30%とします。

<解説>

①　全部純資産直入法

（借）	繰延税金資産	60,000	（貸）	その他有価証券	200,000
	その他有価証券評価差額金	140,000			

評価差額20万円（=100万円－80万円）のうち，6万円（=20万円×30%）は繰延税金資産として計上し，残額14万円（=20万円－6万円）がその他有価証券評価差額金として純資産の部に計上されます。

②　部分純資産直入法

（借）	有価証券評価損	200,000	（貸）	その他有価証券	200,000
	繰延税金資産	60,000		法人税等調整額	60,000

部分純資産直入法の場合には，評価損は損益計算書の営業外費用に計上します。貸借対照表の純資産の部に直入される評価差額に係る税効果額は評価差額から直接控除されますが，損益計算書に計上される評価損で損金と認定されない部分に係る税効果額は法人税等調整額を通じて計上されます。

5　市場価格のない株式等

市場価格のない株式等は，取得原価をもって貸借対照表価額とします。なお，市場価格のない株式等とは，市場において取引されていない株式や出資金など株式と同様に持分の請求権を生じさせるものをいいます。

6　時価が著しく下落した場合

売買目的以外の有価証券のうち，市場価格のない株式等以外のものについて時価が著しく下落したときは，回復する見込みがあると認められる場合を除き，時価をもって貸借対照表価額とし，評価差額は当期の損失として処理しなければなりません。このような処理は，従来は強制評価減と呼ばれていましたが，最近では減損処理と呼ばれています。

また，市場価格のない株式等については，発行会社の財政状態の悪化により実質価額が著しく低下したときは，相当の減額をなし，評価差額は当期の損失として処理しなければなりません。

7　貸借対照表上の分類

売買目的有価証券および1年内に満期が到来する債券は流動資産，それ以外の有価証券は投資その他の資産に表示します。

第4節◆デリバティブ

1　デリバティブの意義

デリバティブ（derivative）は，もともと「派生したもの」という意味です。すなわち，デリバティブは，現物の取引から派生した取引という意味です。

デリバティブの基礎となる現物の資産，たとえば，株式，債券，金利，通貨，商品などの価格の変動に応じてその価値も変動するような商品を総称してデリバティブといいます。

具体的には，先物（さきもの）（future），先渡（さきわたし）（forward），オプション（option），スワップ（swap）などが代表的なものです。「金融商品に関する会計基準」も，デリバティブ取引を「先物取引，先渡取引，オプション取引，スワップ取引及びこれらに類似する取引」と定めています。

企業は，為替リスクや金利リスクなどに対処するための道具としてデリバティブを盛んに利用するようになってきました。デリバティブはリスクを減殺（げんさい）（ヘッジ）するために用いられますが，その高度なレバレッジ（てこ）効果のために，かえってリスクを増大させてしまう危険もあります。このため，企業内部のリスク管理のためにも，外部の利害関係者への有用な情報提供のためにも，デリバティブを適切に会計処理することが必要です。

以下では，代表的なデリバティブ取引である，先物取引，オプション取引およびスワップ取引を取り上げて，その仕組みと会計処理について概観してみましょう。

なお，先渡取引の一種である為替予約取引については，本書の第11章「外貨換算会計」で取り上げます。

2　先物取引

①　先物取引とは？

先物取引とは，債券，株式，通貨，原油などの相場変動リスクを回避するため，将来の一定の期日にあらかじめ決められた価格および数量の商品を売買する取引です。先物取引は取引所で規格化された条件で取引されるのに対して，先渡取引は相対取引であり，取引条件は自由に決められます。

先物取引を行うにあたっては，取引約定時点で建玉の一定割合に相当する金額を証拠金として差し入れる必要があります。さらに，取引所は毎営業日に先物価格の終値（清算価格）を公表し，価格変動に応じて証拠金の追加または払戻しを行う値洗制度を採用しています。

先物取引の決済は，一般に，取引終了時または取引の途中で，当初約定時の先物価格と終了時または手仕舞い時の先物価格との差額を受払いする差金決済によりますが，先物取引の対象とする原資産を実際に引き渡すことによって決済する場合もあります。さらに，当初の取引と反対の取引を決済期日をあわせて行うことによって（たとえば，最初に売り建てを行ったならば，後に買い建てを行うことによって），将来の価格変動による損益効果を相殺することができます。

②　先物取引の会計処理

「金融商品に関する会計基準」では，デリバティブは契約の決済時ではなく契約の締結時にその発生を認識し，時価で評価し，評価差額は原則として当期の損益として処理することとされています。デリバティブについては，その契約時から価格変動リスクや信用リスクが生じるため契約締結時に認識します。また，その後の価格変動によりデリバティブの価値が増減しますが，それがデリバティブへの投資の成果を表すことになるため，デリバティブを時価評価し，評価損益を当期の損益に含めることとされています。

なお，リスクをヘッジする目的で行われるデリバティブ取引については，一定の要件を充たす場合には，ヘッジ手段であるデリバティブの損益とヘッジ対象の損益を同じ会計期間に認識するために，ヘッジ会計を適用することができます。ヘッジ会計については，以下の５「ヘッジ会計」で詳しく取り上げます。

＜設例６-４＞　先物取引の原則的処理

A社は，３月１日に，金利の上昇が予想されるため，債券先物（６月限月……６月に決済される）10億円を単価100円につき125円で売り建て，証拠金3,000万円を差し入れました。３月31日決算日現在の６月限月物の時価は123円でした。

<契約締結日（３/１）の仕訳>　（単位：円）

（借）	先物取引証拠金	30,000,000	（貸）	現金預金	30,000,000

<解説>

契約当初は約定金額と時価が等しいため先物取引の価値はゼロであるから，先物取引自体の仕訳は行わず，簿外で管理し，証拠金の支払いのみ仕訳します。帳簿上で先物取引を管理するため，締結時に対照勘定を用いて仕訳する方法もあります。契約締結後，日々の値洗によって証拠金の追加差入れまたは払戻しが行われるつど，仕訳がなされることになりますが，ここでは省略します。

<決算日（３/31）の仕訳>

（借）	先物取引資産	20,000,000	（貸）	先物取引利益	20,000,000

<解説>

決算日には先物取引を時価で評価し，評価損益（(125－123)÷100×1,000,000,000）を計上します。

３　オプション取引

①　オプション取引とは？

オプション取引とは，通貨や金利などの相場変動リスクを回避するために，契約当事者が将来の一定期日または一定期間内に対象となる資産（原資産）を特定の価格（行使価格）で「買う権利」（call option）または「売る権利」（put option）を売買する取引です。オプションの買い手はプレミアムと呼ばれるオプション料を支払うことによって，買う権利または売る権利のみを獲得し，売り手はオプション料を受け取る代わりに売る義務または買う義務のみを負います。

②　オプション取引の会計処理

オプション取引も，先物取引と同様に，原則として時価で評価し，評価差額を当期の損益とします。ただし，一定の要件を充たす場合には，ヘッジ会計を適用できます。

＜設例6-5＞　オプション取引の原則的処理

3/1　B社は，オプション料を稼ぐ目的で銀行との間で通貨オプション契約を締結し，3ヵ月後に100万ドルを1ドル＝115円でドルを売る権利を銀行に売り，オプション料1ドルにつき3円を受け取りました。

3/31　決算日に円高となり，オプションの価値は1ドルにつき1円評価損が生じました。

5/1　直物為替相場は1ドル＝110円になり，銀行はオプション（売る権利）を行使しました。

＜3/1の仕訳＞　（単位：円））

（借）	現　金　預　金	3,000,000	（貸）	通貨オプション	3,000,000

＜3/31の仕訳＞

（借）	オプション損失	1,000,000	（貸）	通貨オプション	1,000,000

＜5/1の仕訳＞

（借）	現金預金(ドル)	110,000,000	（貸）	現金預金(円貨)	115,000,000
	通貨オプション	4,000,000			
	オプション損失	1,000,000			

<解説>

B社は，3/1にオプション料300万円を受け取りましたが，5/1の1ドル＝110円のときに1ドル＝115円で100万ドルを買い取らざるを得なくなり，500万円の損失を被りました。正味200万円（＝500万円－300万円）のオプション損失となります。その200万円の損失が，3/31と5/1に100万円ずつ計上されています。

このように，オプションの売りは，コール・オプションであれプット・オプションであれ，利益はオプション料を上限とし，損失は際限のないものとなり，きわめてリスクの高い取引です。

4　スワップ取引

①　スワップ取引とは？

スワップ取引とは，あらかじめ定められた契約条項にしたがって将来キャッシュ・フローを当事者間で交換する取引です。同一通貨間のキャッシュ・フローの交換を金利スワップ，異種通貨間のキャッシュ・フローの交換を通貨スワップといいます。スワップ取引は，調達金利の削減や金利・為替変動リスクのヘッジ手段としてよく用いられています。

②　スワップ取引の会計処理

スワップ取引は，他のデリバティブと同様に，原則として時価評価され，評価差額は当期の損益として処理されます。ただし，一定の要件を充たす場合には，スワップを時価評価し，評価損益を繰り延べるヘッジ会計を適用できます。

さらに，**金利スワップ**については，金利スワップを時価評価せず，受払いの純額を対象となる資産または負債の利息の調整として処理する特例処理も認められています。たとえば，固定利付借入金の契約と同時に固定金利受取り変動金利支払いの金利スワップを行えば，実質的には変動利付借入金と同じであるとみて，借入金と金利スワップを一体として処理することが認められています。

<設例6-6>　金利スワップの特例処理

C社は，1月1日に，期間3年，6ヵ月LIBOR（London Interbank Offered Rate：ユーロ市場における銀行間の貸出側レート）プラス0.5％で100,000,000円の変動利付きの借入を行いました。同日，変動金利を固定金利に交換するため，想定元本100,000,000円でLIBORプラス0.5％の変動金利を受け取り，2％の固定金利を支払う期間3年の金利スワップ契約を締結しました。6ヵ月LIBORは2％であり，金利の決済は6/30と12/31です。

金利スワップと借入金については，金利スワップの想定元本と借入金の元本額が同一であり，金利の受払条件および満期も同一であり，特例処理の適用が認められます。

<1/1の仕訳>　（単位：円）

（借）	現金預金	100,000,000	（貸）	借入金	100,000,000

<3/31決算日の仕訳>

（借）	支払利息(借入金)	625,000	（貸）	未払利息	625,000
	未払利息	125,000		支払利息(スワップ)	125,000

借入金の支払利息 ＝ $100{,}000{,}000 \times (2\% + 0.5\%) \times \frac{3}{12} = 625{,}000$

スワップ契約純受取額 ＝ $100{,}000{,}000 \times (2.5\% - 2.0\%) \times \frac{3}{12} = 125{,}000$

借入金の支払い変動金利と金利スワップの受取り変動金利が相殺され，結果的に2％の支払金利500,000円（$=100{,}000{,}000 \times 2\% \times \frac{3}{12}$）に固定されたことになります。すなわち，変動利付きの借入金と金利スワップが一体となって，実質的に固定利付きの借入金に変換されたということです。

5　ヘッジ会計

①　ヘッジ会計の意義

リスクをヘッジするために利用されるデリバティブについては，ヘッジの経済的状況を明らかにするためにどのような会計処理をすべきかという問題があります。ヘッジ取引とは，一般に，ヘッジ対象の価値変動と高い逆相関で価値が変動するデリバティブをヘッジ手段として，ヘッジ対象に内在するリスクを減殺する取引をいいます。

ヘッジ手段とヘッジ対象がともに時価評価されている場合には，一方の評価損が他方の評価益と相殺されて，ヘッジが有効に行われていることが財務諸表に反映されます。ところが，たとえば，デリバティブは時価評価されるのに対して，ヘッジ対象が原価評価されている場合には，両者の損益認識時期がずれてしまい，ヘッジの効果が財務諸表に適切に反映されません。そこで，両者の損益認識時期を合わせるためにヘッジ会計と呼ばれる特別な会計処理が必要になります。

このように，ヘッジ会計とは，一般に，ヘッジ手段とヘッジ対象の損益認識時期を一致させるための特別な会計処理をいいます。「金融商品に関する会計基準」（第29項）も，ヘッジ会計を次のように定義しています。

> ヘッジ会計とは，ヘッジ取引のうち一定の要件を充たすものについて，ヘッジ対象に係る損益とヘッジ手段に係る損益を同一の会計期間に認識し，ヘッジの効果を会計に反映させるための特殊な会計処理をいう。

② ヘッジ会計の方法

ヘッジ手段の損益とヘッジ対象の損益の認識時期のずれを調整するためのヘッジ会計の方法としては，一般に，繰延ヘッジ会計と時価ヘッジ会計という２つの方法があります。

ヘッジ会計の方法
- 繰延ヘッジ会計……先に認識されるはずの側の損益を，それより後に認識されるはずの側の損益に対応させるために繰り延べる方法
- 時価ヘッジ会計……後から損益が認識されるはずの側を時価評価して損益を繰り上げて認識して，先に損益が認識される側の損益と期間的に対応させる方法

繰延ヘッジ会計は，時価で評価され発生時に損益が認識されるヘッジ手段としてのデリバティブの損益を，原価で評価され売却・決済時に損益が認識されるヘッジ対象の損益と対応させるために，ヘッジ対象の損益が認識されるときまで繰り延べる方法です。すなわち，デリバティブの評価損益は，「**繰延ヘッジ損益**」として貸借対照表の純資産の部に計上されます。繰延ヘッジ損益は，これらに係る繰延税金資産または繰延税金負債の額を控除した金額で純資産の部に計上されます。その後，繰延ヘッジ損益は，ヘッジ対象に係る損益が認識されるのと同一の会計期間に当期の損益として処理されます。

時価ヘッジ会計は，繰延ヘッジ会計とは反対に，売却・決済時まで損益が認識されないはずのヘッジ対象を時価で評価して損益を繰り上げて認識し，ヘッジ手段の損益と対応させる方法です。時価ヘッジ会計の場合には，デリバティブとヘッジ対象がともに時価評価されて，デリバティブの損益とヘッジ対象の損益が同一の会計期間に認識され，相殺されます。

「金融商品に関する会計基準」は，「時価評価されているヘッジ手段に係る損益または評価差額を，ヘッジ対象に係る損益が認識されるまで貸借対照表の純資産の部において繰り延べる方法」（第32項），すなわち繰延ヘッジ会計を原則としています。

＜設例６-７＞　先物取引のヘッジ会計

3／1　D社は，保有している国債10億円（帳簿価額10.6億円，その他有価証券として処理）の価格の値下がりに備えて，ヘッジ目的で債券先物10億円を単価102円で売り建て，3,000万円の証拠金を差し入れました。

3／31　決算日現在，現物の国債の単価は103円，先物の価格は98円でした。

4／20　D社は現物の国債を単価100円で売却するとともに，先物を単価96円で差金決済しました。

＜3/1の仕訳＞　（単位：円）

（借）	先物取引証拠金	30,000,000	（貸）	現金預金	30,000,000

＜3/31の現物に関する仕訳＞

（借）	有価証券評価差額金	21,000,000	（貸）	その他有価証券	30,000,000
	繰延税金資産	9,000,000			

現物国債の時価評価差額＝(106－103)÷100×1,000,000,000＝30,000,000

評価差額に係る税効果額＝30,000,000×30％＝9,000,000

その他有価証券の評価差額を税効果（実効税率30％と仮定）を調整の上純資産の部に計上します。

＜3/31の先物取引に関する仕訳＞

（借）	先物取引資産	40,000,000	（貸）	繰延ヘッジ損益	28,000,000
				繰延税金負債	12,000,000

先物取引の時価評価益（102－98）÷100×1,000,000,000＝40,000,000

評価益に係る繰延税金負債の額12,000,000（＝40,000,000×30％）を控除した金額28,000,000（＝40,000,000－12,000,000）で繰延ヘッジ損益として純資産の部に計上されます。

＜4/20の現物に関する仕訳＞

（借）	現金預金	1,000,000,000	（貸）	その他有価証券	1,060,000,000
	有価証券売却損	60,000,000			

その他有価証券については洗い替え方式が適用され4/1に再振替の処理がなされており，帳簿価額は元の1,060,000,000です。

＜4/20の先物に関する仕訳＞

(1)	(借)	現　金　預　金	30,000,000	(貸)	先物取引証拠金	30,000,000
(2)	(借)	繰延ヘッジ損益	28,000,000	(貸)	先物取引利益	40,000,000
		繰延税金負債	12,000,000			
(3)	(借)	現　金　預　金	60,000,000	(貸)	先物取引資産	40,000,000
					先物取引利益	20,000,000

(2)は，決算日に繰り延べられた先物取引の評価益を当期の損益に振り替える仕訳です。

(3)は，差金決済の仕訳です。

以上の結果，4/20の現物のその他有価証券に生じた損失60,000,000円は，先物取引の利益60,000,000円（＝40,000,000円＋20,000,000円）によってちょうど相殺されて，ヘッジの効果が会計上も反映されます。

考えてみよう・調べてみよう

(1) 貸倒見積高の算定方法について，債権の区分ごとに説明しなさい。

(2) 同じ有価証券でも保有目的が異なると，なぜ会計処理も異なるのか，その理由と問題点について論じなさい。

(3) 保有している有価証券が売却する前に値下がりしそうです。このリスクをヘッジするためには，どのようなデリバティブをどのように利用すればよいか考えてみましょう。

(4) リスクをヘッジするために利用されるデリバティブについて，なぜヘッジ会計が必要なのか，その理由を説明しなさい。

第7章 負債の会計

本章では，代表的な負債項目として，社債，新株予約権付社債，および退職給付引当金を中心に学びます。利息法の処理，一括法と区分法の違い，および引当金の概念をよく理解しましょう。退職給付会計はとても複雑ですから，基本だけ押さえておきましょう。

第1節◆負債の概念

貸借対照表を等式で示すと，次のようになります。

資産 ＝ 負債 ＋ 純資産

左辺の資産は企業資金の運用形態を表すのに対して，右辺はその調達源泉を表します。負債は，企業資金の調達源泉のうち企業外部の債権者から調達されたものであることから，株主が提供した自己資本（株主資本）に対して**他人資本**といわれます。

また，企業資産に対する債権者の請求権を意味することから，株主持分に対して**債権者持分**と呼ばれることもあります。

一般に，負債は次のように定義されます。

負債（liabilities）とは，過去の取引または事象の結果として，将来経済的資源を犠牲にしなければならない現在の義務である。

負債の大半は，第三者に対して将来一定の金銭，財またはサービスを給付すべき義務，すなわち法的債務です。しかし，法律上の債務以外にも会計上の負債とされるものもあります。また，法律上の債務がすべて会計上の負債となるわけでもありません。

負債を弁済義務の観点から分類すると，次のようになります。

図表7－1　負債の分類

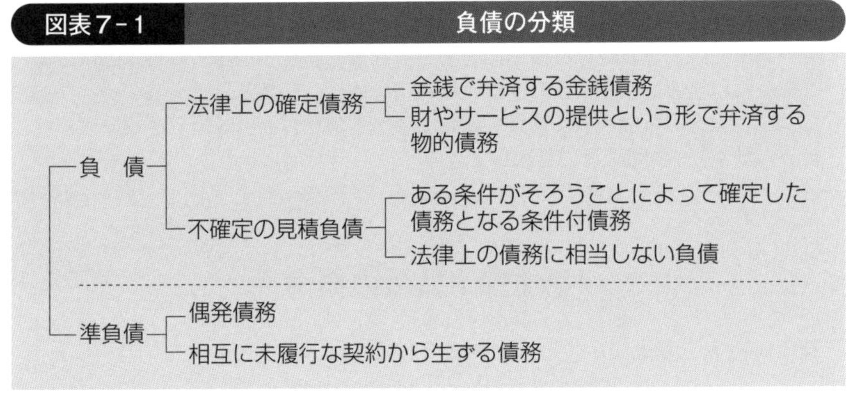

負債も，資産と同様に，財務流動性の観点から，流動負債と固定負債に分類されます。流動負債と固定負債の分類には，資産と同様に，正常営業循環基準と1年基準が適用されます。

第2節◆流動負債

流動負債は，企業の主たる営業活動から生じた支払手形，買掛金などの営業債務，および，貸借対照表日の翌日から起算して1年以内に弁済期限が到来するその他の負債（短期借入金，未払金，未払費用，預かり金，前受収益，引当金など）からなります。営業債務は，営業過程において生じる債務であるので，正常営業循環基準によって流動負債とされます。

営業債務の中で特殊なものとして，前受金があります。これは，商製品を引き渡す前に代金の一部または全部をあらかじめ受け取った場合の前受代金を表す勘定です。商品券やプリペイドカードも発行企業からみれば一種の前受金です。前受金は，金銭で弁済する金銭債務ではなく，財やサービスの提供で弁済する物的債務です。

第3節◆固定負債

固定負債とは，営業外債務のうち弁済期限が1年を超える長期の負債です。固定負債には，社債，長期借入金，長期の引当金（退職給付引当金等）などが含まれます。

1　社債の会計

借入金が借用証書や手形を用いて金融機関から資金を借り入れることによって生じる債務であるのに対して，社債は，社債券を発行して不特定多数の投資者から資金を借り入れることによって生じる債務です。

社債の発行には，①券面額（社債金額）と同じ価額で発行する平価発行，②券面額より低い価額で発行する割引発行，③券面額より高い価額で発行する打歩（うちぶ）発行，の3つの形態があります。

社債の発行価額は，主として，その約定利子率と市場利子率との関係によって定まります。市場が期待する利子率よりも低い約定利子率の社債は，額面金額よりも低い価額で売らなければ発行できないということであり，割引発行ということになります。市場が要求する利子率よりも高い約定利子率の社債は，額面金額よりも高い価額で売り出すことができ，打歩発行ということになります。

社債その他の債務は，債務額をもって貸借対照表価額とします。ただし，社債を社債金額よりも低い価額または高い価額で発行した場合など，収入に基づく金額と債務額が異なる場合には，償却原価法（第６章参照）に基づいて算定された価額をもって，貸借対照表価額としなければなりません。

したがって，債務額と異なる金額で発行された社債については，従来はその差額に相当する金額を繰延資産または負債として計上してきましたが，現在では次のように処理します。すなわち，まず発行時の収入金額で社債を計上し，その後は時の経過に伴ってその差額を償還期に至るまで一定の方法（利息法または定額法）で償却し，償還日には社債が社債金額（債務額）になるように処理しなければなりません。

この会計処理は，本書の第６章「金融資産の会計」で学んだ満期保有目的債券の償却原価法と同じものです。第６章では債券の保有者側からみた償却原価法の処理でしたが，本章では債券の発行者側の処理を学びます。

＜設例７-１＞　社債の会計処理

償却原価法（利息法）の適用を例示するため，A社がX1年１月１日に償還期限５年，年利10％，利払い日12月31日，額面金額100,000円の社債を92,791円で発行すると仮定しましょう。社債発行差額7,209円（100,000－92,791）が生じ，この差額も利息を調整するものと考えられるため，実質的な利息である実効利子率を計算すると，次のように12％になります。

$$92{,}791 = 10{,}000 \div (1 + r) + 10{,}000 \div (1 + r)^2 + \cdots\cdots + 110{,}000 \div (1 + r)^5$$

$r = 0.12$　すなわち，12％

図表７-２のような社債発行差額償却計算表を作成すると，社債利息と社債発行差額の償却を記録するのに便利です。

図表7-2　社債発行差額償却計算表

日　付	(A)実際に支払われる利息(100,000×10%)	(B)費用として計上される社債利息(前期末社債帳簿価額×12%)	(C)社債発行差額償却額(B)−(A)	(D)未償却額(D)−(C)	(E)社債の帳簿価額(100,000−(D))
X1/1/1				7,209	92,791
X1/12/31	10,000	11,135	1,135	6,074	93,926
X2/12/31	10,000	11,271	1,271	4,803	95,197
X3/12/31	10,000	11,424	1,424	3,379	96,621
X4/12/31	10,000	11,595	1,595	1,784	98,216
X5/12/31	10,000	11,784[a]	1,784	0	100,000
	50,000	57,209	7,209		

a　端数を合わせるため調整しています。

X1年12月31日における社債利息と社債発行差額償却の計算は次のとおりです。

社債利息	(92,791×12%)	11,135
約定利息	(100,000×10%)	10,000
社債発行差額償却		1,135

その結果，A社はX1年12月31日に利息の支払いと償却を記録するために次のような仕訳を行います。

(借)	社債利息	11,135	(貸)	社　債	1,135
				現金預金	10,000

その後，同様な処理が毎年行われます。このような利息法による処理は，社債の期首帳簿残高の一定率を毎期利息費用として計上するという利息の期間配分を主眼としていますが，同時に社債の帳簿価額をその時々の現在価値に計算し直すプロセスでもあります。

たとえば，先の例でX1年12月31日現在の社債の帳簿価額は93,926円ですが，これは，将来４年間にわたり毎期10,000円ずつ支払われる利息の現在価値（毎期の利息額に期間４年・割引率12％の年金現在価値係数をかけて計算）と４年後に返済される100,000円の元本の現在価値（元本額に期間４年・割引率12％の現在価値係数をかけて計算）の合計額に一致します（**図表７−３**を参照）。

図表７−３　社債の現在価値の計算

X1年12月31日の社債の現在価値
　利息の現在価値＝ 30,374円（＝10,000円×3.03735）
　元本の現在価値＝ 63,552円（＝100,000円×0.63552）
　社債の現在価値＝ 93,926円

2　新株予約権付社債の会計

社債には，普通社債のほかに転換社債や新株引受権付社債があります。**転換社債**は，一定の期間内にあらかじめ決められた価格で株式に転換することができる社債です。これに対して，**新株引受権付社債**は，一定期間内に一定の価格で株式を取得できる権利が付与された社債で，ワラント債とも呼ばれます。

両者は，株式の交付を請求できる権利が付与されている点で同じですが，転換社債は株式に転換した後は社債が消滅しますが，新株引受権付社債は権利行使後も社債部分が残ります。

しかし，2001年10月の商法改正により，新株予約権と新株予約権付社債という２つの概念が導入され，従来の転換社債と新株引受権付社債は，新株予約権付社債の一種として整理されました。

新株予約権とは，株式会社に対して行使することにより当該株式会社の株式の交付を受けることができる権利をいいます（会社法第２条第21号)。通常の形態としては，あらかじめ定められた一定期間（権利行使期間）内に一定の価格（権利行使価格）で一定数の株式を購入できる権利であり，株式を基礎商品（原資産）とするコール・オプションです。

新株予約権付社債とは，社債の発行後一定の期間（権利行使請求期間）内に，一定の価額（行使価額）で発行会社の新株を請求できる権利（新株予約権）を付与された社債です。

従来の分離型の新株引受権付社債（新株引受権部分と社債部分を分離して流通できるもの）は，会社が社債と新株予約権とを同時に発行したものとされ，従来の非分離型の新株引受権付社債と転換社債は新株予約権付社債として位置づけられました。

さらに，従来の転換社債と経済的実質が同一であると考えられる新株予約権付社債は，**転換社債型新株予約権付社債**と呼ばれ，それ以外の新株予約権付社債と区別されます。

新株予約権付社債の発行者側の会計処理には，一括法と区分法の２つがあります。**一括法**は，社債と新株予約権を区別せずに一体として処理する方法です。これに対して，区分法は，新株予約権付社債を社債部分と新株予約権部分に区分して処理する方法です。

転換社債型新株予約権付社債については，一括法と区分法のいずれかを選択することとされ，転換社債型新株予約権付社債以外の新株予約権付社債については，区分法が適用されます。

図表７-４　新株予約権付社債の会計処理

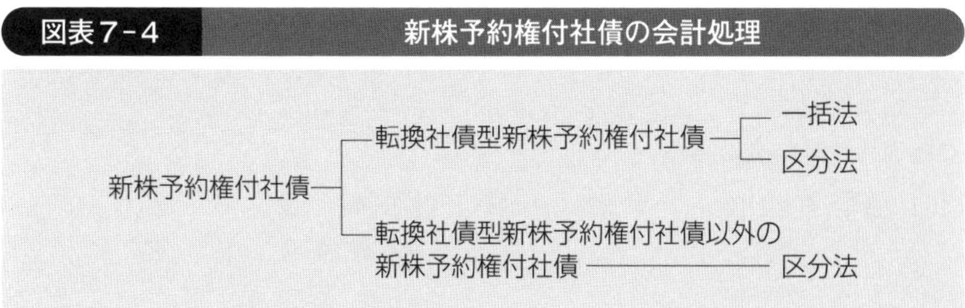

なお，従来，新株予約権は，権利行使されるかどうか不明であるので，発行時に仮勘定として負債の部に計上されてきましたが，2005年12月９日公表の企業会計基準第５号「貸借対照表の純資産の部の表示に関する会計基準」に従い，新株予約権はその払込金額により純資産の部に表示することとなりました。新

株予約権は，返済義務を伴う負債には該当しないので純資産を構成しますが，報告主体の所有者である株主とは異なる新株予約権者との直接的な取引によるものであるため，株主資本を構成するものではないと位置づけられています。すなわち，新株予約権は，負債でも株主資本でもない項目とされています。

<設例７-２>　一括法と区分法

次の資料に基づき，発行時，権利行使時の仕訳を示しなさい。

①　B社は，X1年４月１日に転換社債型新株予約権付社債（償還期限５年，額面金額１億円）を発行しました。払込金額は１億円であり，社債の対価は8,000万円，新株予約権の対価は2,000万円です。新株予約権の行使にさいして出資をなすべき１株当たりの金額（転換価格）は１万円とします。

②　新株の払込金額のうち２分の１は資本に組み入れません。

③　X2年４月１日に新株予約権の50％について権利行使がなされました。

④　社債発行差額の償却は定額法によります。

<解説>　（単位：百万円）

＊一括法の場合

<発行時の会計処理>

（借）	現金預金	100	（貸）	新株予約権付社債	100

<権利行使時の会計処理>

（借）	新株予約権付社債	50	（貸）	資本金	25
				資本準備金	25

＊区分法の場合

<発行時の会計処理>

（借）	現金預金	80	（貸）	社債	80
（借）	現金預金	20	（貸）	新株予約権	20

＜社債発行差額償却時の会計処理＞

(借)	社債利息	4	(貸)	社債	4

各期末に償却原価法を適用して社債発行差額の償却のために上述のような仕訳が行われます。この例では定額法により，５年間に毎年５分の１ずつ償却します。

2,000万円÷５年＝400万円

＜権利行使時の会計処理＞

(借)	社債	42	(貸)	資本金	26
	新株予約権	10		資本準備金	26

社債4,200万円は，X2年４月１日現在の社債帳簿残高8,400万円（＝8,000万円＋400万円）のうちの権利行使部分（8,400万円×$\frac{1}{2}$）です。

新株予約権1,000万円は，新株予約権2,000万円のうちの権利行使部分（2,000万円×$\frac{1}{2}$）です。

資本金と資本準備金は，それぞれ，借方側の合計金額5,200万円（＝4,200万円＋1,000万円）の２分の１です。

３　一括法・区分法の経済的影響

一括法を適用する場合と区分法を適用する場合の主たる相違は，新株予約権を社債と区分して認識するかどうかにあります。その結果，区分法においては，新株予約権に対応する金額だけ社債が一括法の場合よりも小さく計上されることになります。この差額は債務額と収入金額の差額である社債発行差額です。この差額部分が償却原価法の適用により毎期償却されて社債利息として徐々に計上されます。

したがって，区分法の方が一括法に比べて，社債発行差額の償却分だけ会計上は資金コストが大きく算定されます。こうした影響を嫌って，企業は一括法が適用できる転換社債型新株予約権付社債の発行を選択する傾向があります。

また，転換社債型新株予約権付社債について，一括法の場合には新株予約権は社債と一体のものとして負債に計上されますが，区分法の場合には新株予約権は社債と区分されて純資産の部に計上されます。したがって，区分法による方が一括法に比べて新株予約権の分だけ純資産が大きくなります。

第4節◆引 当 金

引当金（provision）とは，期間損益を適正に計算するために，将来において発生すると予測される特定の費用または損失の見込額を当期の費用または損失として計上した場合に相手勘定として生じる貸方項目です。

「企業会計原則」注解注18は，引当金について次のような4つの設定要件を挙げています。

①　将来の特定の費用または損失であること ②　その発生が当期以前の事象に起因すること ③　発生の可能性が高いこと ④　その金額を合理的に見積ることができること

①の要件は，将来において費用または損失として特定できるような支出であることを意味します。②の要件は，そのような特定の費用または損失が発生する原因が当期以前の事象にあるということです。費用に対応する収益がすでに生じている場合には，**費用収益対応の原則**により，費用の見越計上が認められます。③の要件は，将来の支出または資産の減少が生じる可能性が高いことをいいます。発生の可能性が低ければ，偶発債務として引当金の計上ではなく，注記開示が求められます。④の要件は，何らかの合理的な方法で金額を見積ることができなければならないということです。

「企業会計原則」注解注18では，次のような11項目が例示されています。

製品保証引当金，売上割戻引当金，返品調整引当金，賞与引当金，工事補償引当金，退職給与引当金，修繕引当金，特別修繕引当金，債務保証損失引当金，損害補償損失引当金，貸倒引当金。

例示されている11項目のうち，貸倒引当金は，受取手形，売掛金，貸付金などの金銭債権について，将来回収不能となると予想される額を見積もって当期の費用としてに計上する際に生じる貸方項目です。貸借対照表上は，当該金銭債権から控除する形で表示され，**評価性引当金**と呼ばれます。その他の引当金は負債の部に計上され，**負債性引当金**と呼ばれます。

引当金の多くは条件付債務です。条件付債務とは，将来ある一定の条件が満たされたときに確定債務に転化するものです。たとえば，一定期間内に生じた故障については無償で修理するという条件で販売している場合には，当期に販売した製品について将来発生すると予想される修理費をあらかじめ当期の費用として見越し計上する際に製品保証引当金が設定されます。建設業では，工事補償引当金と呼ばれています。無償で製品を修理するという義務は，保証期間中に故障が生じるという条件が満たされてはじめて確定した債務になります。

条件付債務でない引当金としては修繕引当金があります。修繕引当金は，設備などに修繕すべき箇所が生じているにもかかわらず，操業や資金繰りなどの都合により，修繕が次期に繰り延べられた場合に設定される引当金です。こうした場合には，企業に修繕すべき義務があるわけではないので，条件付債務にはなりません。

引当金は期間損益計算の観点から計上されるものですが，引当金の計上は現金支出を伴わないので，それに相当する額の資金を少なくとも一時的に企業内部に留保する効果があります。こうした財務的効果を期待して引当金を設定しようとする傾向もあります。引当金の設定要件はいずれも相対的であいまいであり，見積りや判断の余地が相当あります。したがって，期間損益を適正に算定するための引当金の設定ではなく，利益留保のための引当金となって利益操作につながる危険性もあります。

実務において実際に引当金としてしばしば設定されているのは，退職給付引当金や賞与引当金などです。このうちでも特に退職給付引当金は金額も大きく，処理も複雑なため，次の第5節で改めて解説しましょう。

第5節◆退職給付引当金（退職給付に係る負債）

退職給付とは，退職時および退職後に支払われる給付であり，退職一時金と退職年金に大別されます。これまで日本の会計では，それらを別個のものとして扱ってきました。退職一時金については毎期，費用の発生に基づいて退職給与引当金を設定するのに対して，企業年金については基金に拠出すべき掛金相当額を費用として計上してきました。

しかし，1998年に公表された「退職給付に係る会計基準」では，退職一時金と退職年金を一括して退職給付として取扱い，この両者を対象に退職給付引当金を設定することとされました。

貸借対照表に計上される退職給付引当金の額は，基本的には，次のように計算されます。

退職給付引当金 ＝ 退職給付債務 － 年金資産

退職給付債務は，次のような3つの手順を経て計算されます（**図表7-5**参照）。

① 退職時に見込まれる退職給付総額の見積り

まず第1段階として，従業員の退職以後に支給される退職給付額の総額を見積もり，それから退職時点での現在価値である退職給付見込額を算出します。その場合，合理的に見込まれる退職給付の変動要因，たとえば，予想される昇給等を考慮して見積もります。

②　当期末までに発生したと認められる退職給付見込額の見積り

次いで第2段階として，その退職給付見込額を，従業員が労働を提供した各勤務期間に配分し，貸借対照表日までに発生していると認められる退職給付見込額を確定します。退職給付見込額をすでに発生した分と今後発生する分に分ける方法（退職給付見込額の期間帰属方法）としては，勤務期間を基準とする期間定額基準と退職給付制度の給付算定式に従って配分する給付算定式基準のいずれかの方法を選択適用することとされています。期間定額基準は，次のような算式によります。

期末までに発生したとみなされる退職給付見込額 ＝ ①で計算した退職給付見込額の総額 × 期末時点までの勤務年数 　÷ 退職時までの勤務年数

③　現在価値への割引き

さらに第3段階として，その発生したと認められる部分を割り引いて貸借対照表日現在時点での退職給付債務の額を算定します。退職時までには相当の期間があることから，現在時点の退職給付債務の計算にあたっては，②で計算された当期末までに発生していると認められる退職給付見込額を一定の割引率に基づいて現在価値に割り引きます。

退職給付債務は，退職率，死亡率，昇給率，割引率など多くの仮定に基づいて算定されます。とりわけ現在価値を計算する際の割引率の影響が大きいといわれています。退職給付債務の計算における割引率は，「安全性の高い債券の利回りを基礎として決定する。」とされており，割引率の基礎とする安全性の高い債券の利回りとは，「期末における国債，政府機関債及び優良社債の利回りをいう。」とされています。

図表7-5　退職給付債務の計算手続き

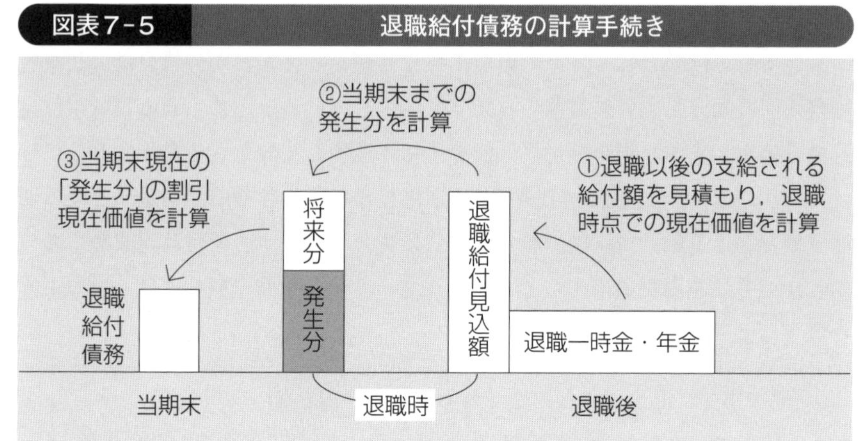

退職給付債務が巨額なだけに，割引率の少しの違いが大きな影響を及ぼすために，どのような割引率が用いられているのか注意する必要があります。

他方，年金資産は，企業年金制度に基づいて退職給付に当てるために積み立てられている資産であり，期末における公正な評価額（時価）によって測定します。このように算定された退職給付債務の額から年金資産の額を差し引いて退職給付引当金の額が計算されます。

退職給付の会計は，多くの仮定に基づいて計算されますが，仮定と実績が異なる場合あるいは仮定を変更する場合もあります。このような，年金資産の期待運用収益と実際の運用収益の差異，退職給付債務の数理計算に用いた見積りと実績との差異および仮定の変更等により発生した差異は，**数理計算上の差異**と呼ばれています。

また，年金制度を新たに導入した場合や給付額を引き下げるなどの制度の内容を変更した場合の退職給付水準の改訂等のために生じた退職給付債務の増減額を**過去勤務費用**と呼んでいます。

数理計算上の差異や過去勤務費用については，即時に費用認識するのではなく，「遅延認識」(deferred recognition) が認められています。**遅延認識**とは，発生年度に即時に費用として認識するにはあまりにも影響が大きいため，一定期間にわたって徐々に費用計上する方法です。具体的には，従業員の平均残存勤務年数以内の一定の年数にわたって原則として定額法により配分されます。

このような遅延認識の適用によりまだ費用処理されていないものを，**未認識数理計算上の差異**および**未認識過去勤務費用**といいます。

<設例7-3>　数理計算上の差異と過去勤務費用の遅延認識

数理計算に用いる割引率を変更したため，退職給付債務が2,000万円増加しました。また，年金の給付水準の引上げにより過去勤務費用が3,000万円発生しました。どちらも平均残存勤務期間10年にわたり定額法により発生年度から費用処理することにしました。

当期の費用処理額，および，未認識額はそれぞれいくらになりますか。

<解説>

数理計算上の差異当期費用処理額＝2,000万円×$\frac{1}{10}$＝200万円

未認識数理計算上の差異＝2,000万円－200万円＝1,800万円

過去勤務費用の当期費用処理額＝3,000万円×$\frac{1}{10}$＝300万円

未認識過去勤務費用＝3,000万円－300万円＝2,700万円

これらの未認識の金額は退職給付引当金には反映されませんので，退職給付引当金の額は次のように計算されます。

なお，未認識数理計算上の差異と未認識過去勤務費用が反対側（貸方側）に生じる場合もあります。

> 退職給付引当金 ＝ 退職給付債務 ± 未認識数理計算上の差異
> 　　　　　　　　± 未認識過去勤務費用 － 年金資産

退職給付の会計

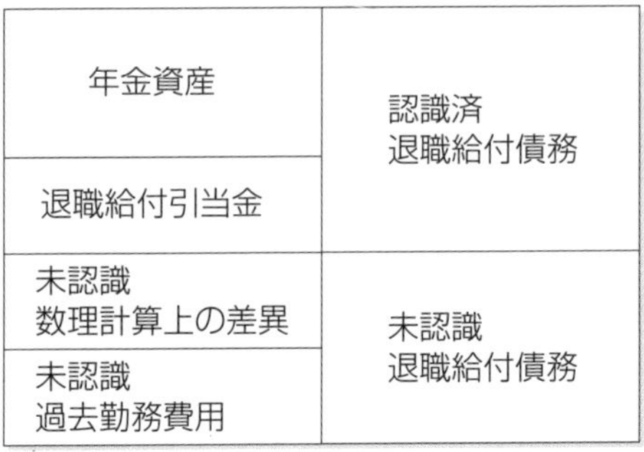

年金資産	認識済 退職給付債務
退職給付引当金	
未認識 数理計算上の差異	未認識 退職給付債務
未認識 過去勤務費用	

以上のように貸借対照表上の退職給付引当金には未認識部分が反映されていません。したがって，将来支給しなければならない退職給付債務に対して必要な年金資産がどれだけ積み立てられているのかが，貸借対照表上では明らかにされていません。そこで，遅延認識をやめて貸借対照表上は即時に認識するよう改正が行われました。この点については，後ほど説明します。

損益計算書に計上される退職給付費用は，次のように計算されます。

退職給付費用 ＝ 勤務費用 ＋ 利息費用 － 期待運用収益
± 未認識数理計算上の差異の当期費用処理額
± 未認識過去勤務費用の当期費用処理額

勤務費用とは，１期間の労働の対価として発生したと認められる退職給付です。利息費用とは，期首時点の退職給付債務が時の経過によって期末までに増加する利息分です（期首退職給付債務×割引率）。

年金資産の期待運用収益とは，年金資産を運用することによって当期得られるであろう収益です（年金資産の期首評価額×長期期待運用収益率）。実際運用収益ではなく期待運用収益が用いられる理由は，実際運用収益は市場における短期的な変動を受けやすく，実際運用収益をそのまま退職給付費用の計算に反映させると，退職給付費用が毎期大きく変動してしまうためです。

未認識過去勤務費用の当期費用処理額および未認識数理計算上の差異の当期

費用処理額がある場合には，退職給付費用の計算に含められます。

退職給付会計の仕組みは，大変難解です。詳しいことを知りたい方は，より専門的な本を参照してください。

なお，国際的な会計基準とのコンバージェンスの観点からの退職給付会計基準の見直しの一環として，2012年５月17日に企業会計基準第26号「退職給付に関する会計基準」が公表されました。主な改正点は，次のとおりです。

連結貸借対照表上で積立状況を明らかにするため，これまで遅延認識が認められていた数理計算上の差異および過去勤務費用の未認識部分についても，連結貸借対照表上で認識し，積立状況を示す額をそのまま負債または資産として計上することとされました。したがって，退職給付債務の方が年金資産よりも大きい場合（すなわち，積立不足の場合）には，「退職給付に係る負債」として固定負債に計上し，退職給付債務よりも年金資産の方が大きい場合（すなわち，積立過剰の場合）には，「退職給付に係る資産」として固定資産に計上されます。

ただし，連結損益計算書上は，従来どおり未認識部分の処理方法は変更せず，平均残存勤務期間以内の一定の年数で規則的に償却されます。したがって，数理計算上の差異および過去勤務費用の当期発生額のうち，費用処理されない部分についてはその他の包括利益に「退職給付に係る調整額」として計上されます。

なお，個別財務諸表においては，当面の間，こうした改正点は適用されず，これまでの取扱いが継続されます。

第６節◆偶発債務

偶発債務とは，まだ確定した債務となっていないが，将来ある一定の条件を満たすような事象が生じたならば，確定債務に転化する可能性のある債務をいいます。たとえば，手形の裏書や割引，債務の保証，販売した商品の保証や引き渡した請負工事の補償，係争事件に関する損害賠償義務などで将来において確定債務になる可能性のある債務です。

偶発債務による損失の発生する可能性が高く，その発生原因が当期以前にあって，金額を合理的に見積もることができる場合には，引当金を設定する必要があります。それ以外の場合には，将来確定債務になる可能性があることから，注記による開示が要求されます。

第７節◆資産除去債務

企業は，しばしば，固定資産を使用した結果生じた汚染物質を除去したり，以前の状態に修復することを要求されます。たとえば，採掘が完了した後の露天掘り鉱山の修復，原子力発電所が廃棄されるときの解体，耐用年数終了後の油田掘削装置の撤去，製造によって生じた有害廃棄物の除去などが典型的な例として挙げられます。

これらの活動に関する費用については，発生時に一時に費用処理すべきなのか，それとも将来の支出に対して見越し計上をすべきなのかなど，これまで日本ではまったく基準が存在しませんでした。そこで，国際的な会計基準とのコンバージェンスに向けた作業の一環として，2008年３月31日に企業会計基準第18号「資産除去債務に関する会計基準」が公表されました。

資産除去債務とは，有形固定資産の取得，建設，開発または通常の使用によって生じ，当該有形固定資産の除去に関して法令または契約で要求される法律上の義務およびそれに準ずるものをいいます。

資産除去債務とそれに対応する除去費用の会計処理については，**引当金処理**と**資産負債の両建処理**という２つの方法が考えられます。引当金処理は，有形固定資産の除去に係る費用を有形固定資産の利用を通じて獲得される収益と適切に対応させるために，除去費用を有形固定資産の利用期間にわたって各期に配分し，それに対応する金額を引当金として計上する会計処理です。

引当金処理では，資産除去債務に関する負債計上額は，毎期引き当てられる除去費用に対応する額が徐々に積み増しされていき，最終的には資産除去債務の全額が引当計上されることになります。しかし，このような引当金処理では，当初の時点では有形固定資産の除去に必要な金額が貸借対照表に計上されないために，負債が過小に表示されていることになります。

これに対して，資産負債の両建処理は，資産除去債務の全額を負債として計上し，同額を有形固定資産の取得原価に反映させ，減価償却を通じて，除去費用を有形固定資産の利用期間にわたって配分する会計処理です。負債の計上と除去費用の期間配分の双方を可能にする点が評価されて，資産負債の両建処理が採用されました。

資産負債の両建処理によれば，まず資産除去債務は，有形固定資産の取得，建設，開発または通常の使用によって発生した時に負債として計上します。負債に計上する金額は，有形固定資産の除去に要する割引前の将来キャッシュ・フローを見積もり，割引後の金額（**割引価値**）で算定します。

資産除去債務に対応する除去費用は，資産除去債務を負債に計上した時に，当該負債の計上額と同額を，関連する有形固定資産の帳簿価額に加えます。資産計上された資産除去債務に対応する除去費用は，減価償却を通じて，当該有形固定資産の残存耐用年数にわたり，各期に費用配分します。

＜設例7-4＞　資産除去債務の会計処理

X1年1月1日に，アルビレックス石油会社（決算日12月31日）が日本海に海底油田掘削装置を組み立てました。アルビレックス石油会社は，5年と見積もられた耐用年数の終了時に，掘削装置を解体し，除去することを法的に義務付けられています。解体・除去費用は1億円と見積もられています。10%の割引率に基づくと，資産除去債務の割引価値は，62,092,000円（100,000,000円×0.62092）です。アルビレックス石油会社は，この資産除去債務を記録するために，次のような仕訳をします。

＜X1年1月1日＞

（借）	掘削装置	62,092,000	（貸）資産除去債務	62,092,000

資産の使用期間中，除去費用が各期の費用として配分されます。ここでは，

定額法を用いると仮定しましょう。

<X1年12月31日>

（借）	減価償却費	12,418,400	（貸）減価償却累計額	12,418,400
		（62,092,000円÷5年）		

さらに，時の経過による資産除去債務の変動を認識しなければなりません。

<X1年12月31日>

（借）	利息費用	6,209,200	（貸）資産除去債務	6,209,200
		（62,092,000円×10%）		

X6年３月31日に，アルビレックス石油会社は，解体業者に99,500,000円で掘削装置を解体除去してもらいました。アルビレックス石油会社は，資産除去債務の履行を記録するために，次のような仕訳をします。

<X6年３月31日>

（借）	資産除去債務	100,000,000	（貸）現金預金	99,500,000
			履行差額	500,000

考えてみよう・調べてみよう

(1) 債務額と異なる価額で発行された社債の会計処理について説明しなさい。

(2) 新株予約権付社債の会計処理方法として，一括法と区分法があります。それぞれの方法を比較して違いを説明しなさい。

(3) 企業が実際にどのような引当金を設定しているのか，調べてみましょう。

(4) 退職給付に関しては，退職給付引当金の内訳，退職給付費用の内訳，退職給付債務等の計算の基礎に関する事項などが注記として開示されます。これらの注記情報を基に，各企業がどのような割引率や長期期待運用収益率を用いているのか，数理計算上の差異や過去勤務費用を何年で処理しているのか，調べてみましょう。

純資産の会計

本章では，貸借対照表の純資産の部について学びます。とくに，株主資本を構成する各項目について学びます。資本と利益の区分，分配可能額の計算，および自己株式の会計処理が本章の中心的な課題です。

第1節◆純資産の部の構成

貸借対照表の純資産の部は，これまで「資本の部」と表記されていましたが，会社法の施行により2006年5月以降「純資産の部」と表記されることになりました。「純資産の部」は，株主資本と株主資本以外の各項目から構成されます。株主資本以外の各項目には，評価・換算差額等，株式引受権，新株予約権および非支配株主持分が含まれます。

図表8-1　純資産の部の構成

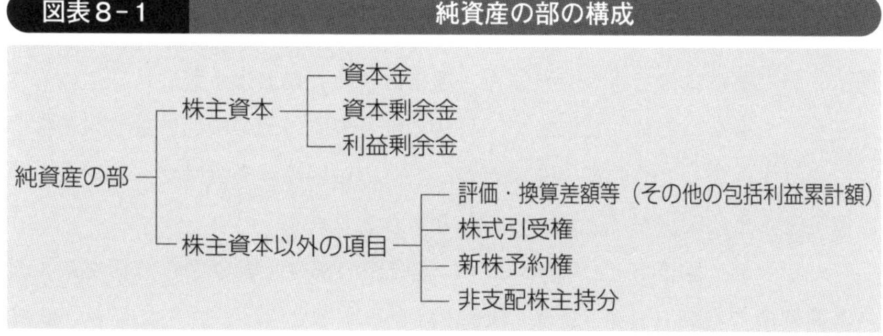

株主資本は，企業の所有者である株主に帰属する部分であり，資本金，資本剰余金および利益剰余金からなります。資本金は，会社の設立や増資に際して株主が払い込んだ金額です。資本剰余金は，株主が払い込んだ金額のうち資本金に組み入れられなかった金額などです。利益剰余金は，企業が稼得した利益のうち配当などで社外に流出しなかった社内に留保された金額です。

評価・換算差額等には，その他有価証券評価差額金や繰延ヘッジ損益のように，資産または負債を時価で評価するが，評価差額を当期の損益計算書で認識しない場合に生じる勘定や，為替換算調整勘定等が含まれます。

株式引受権は，取締役の報酬等として株式を無償交付する取引のうち，契約上，株式の発行等について権利確定条件が付されており，権利確定条件が達成された場合に株式の発行等が行われる取引（事後交付型）に該当する場合の報酬費用の相手勘定として，新株予約権と同様に，純資産の部の株主資本以外の項目に計上されます。

新株予約権は，将来，権利行使され払込資本となる可能性がある一方，失効して払込資本とはならない可能性もあります。発行者側の新株予約権は，権利行使の有無が確定するまでの間，その性格が確定しないことから，これまで，仮勘定として負債の部に計上することとされていましたが，新株予約権は，返済義務のある負債ではなく，負債の部に表示することは適当ではないため，純資産の部に記載することとされました。しかし，新株予約権は，株主とは異なる新株予約権者との取引によるものであり，株主に帰属するものではないため，株主資本とは区別されます。

非支配株主持分は，子会社の資本のうち親会社に帰属していない部分であり，返済義務のある負債でもなく，また，連結財務諸表における親会社株主に帰属するものでもないため，これまで，負債の部と資本の部の中間に独立の項目として表示することとされていましたが，独立の中間項目を設けず，純資産の部に株主資本とは区別して記載することとされました。

したがって，**図表8-2**に示すように純資産の部は，資産から負債を差し引いた純資産の有高（資産－負債＝純資産）を示すとともに，株主に帰属する株主資本とそれ以外の項目とに分けて有高（純資産＝株主資本＋株主資本以外の項目）を示します。

純資産の1会計期間中の変動は，本書の第2章「財務諸表の仕組み」で学んだ株主資本等変動計算書によって示されます。

図表8-2　個別貸借対照表における純資産の部の表示

純資産の部		（単位：百万円）
Ⅰ　株主資本		
1　資本金		24,104
2　資本剰余金		
(1) 資本準備金	29,418	
(2) その他資本剰余金	14	
資本剰余金合計		29,432
3　利益剰余金		
(1) 利益準備金	3,115	
(2) その他利益剰余金		
事業拡張積立金	2,141	
別途積立金	56,500	
繰越利益剰余金	3,064	
利益剰余金合計		64,820
4　自己株式		△ 2,255
株主資本合計		116,101
Ⅱ　評価・換算差額等		
1　その他有価証券評価差額金	4,000	
2　繰延ヘッジ損益	△ 123	
3　土地再評価差額金	300	
評価・換算差額等合計		4,177
Ⅲ　株式引受権		20
Ⅳ　新株予約権		26
純資産合計		120,324

なお，連結貸借対照表においては，評価・換算差額等は**その他の包括利益累**

計額と呼ばれ，そこには**為替換算調整勘定**や退職給付に係る調整累計額が含まれます。また，Ⅴとして**非支配株主持分**が表示されます。

株主資本以外の項目のうち，その他有価証券評価差額金と繰延ヘッジ損益については，本書の第６章「金融資産の会計」で取り上げました。新株予約権については，本書の第７章「負債の会計」で取り上げました。為替換算調整勘定については，本書の第11章「外貨換算会計」で取り上げます。非支配株主持分については，本書の第13章「連結財務諸表」で取り上げます。

したがって，本章では，株主資本の項目を中心にみていくことにします。

第２節◆資本と利益の区分

「企業会計原則」の一般原則の１つに，**資本と利益の区分の原則**があります。

> 資本取引と損益取引とを明瞭に区別し，特に資本剰余金と利益剰余金を混同してはならない。

（「企業会計原則」第一・三）

資本取引とは，資本の拠出や払戻しなど企業と株主との間の取引をいいます。これに対して，**損益取引**とは，利益獲得のための資本運用の取引をいいます。本来，資本は利益獲得のために拠出された元本であり，企業活動を継続するために維持すべきものとされます。他方，利益は資本運用の結果として生み出された果実であり，分配可能なものとされます。これら性質の異なるものを混同すれば，企業の財政状態と経営成績は適正に表示されないことになります。

会計上の資本と利益の区分は，一般に，次のような２つの意味を有するとされています。**第１の資本と利益の区分**は，適正な期間損益計算を保証するために，ストックとしての資本とそれが生み出す１期間の利益を明確に区別することを要請するものです。**第２の資本と利益の区分**は，資本の維持を達成するために，企業活動の元手を表す**払込資本**と企業活動の結果として生じた**留保利益**を区別することを要請するものです。

図表8-3　資本と利益の区分

	目　的	内　容
第1の資本と利益の区分（資本取引と損益取引の区分）	適正な期間損益計算	ストックとしての資本とそれが生み出す1期間の利益を明確に区別すること
第2の資本と利益の区分（払込資本と留保利益の区分）	資本の維持	企業活動の元手を表す払込資本と企業活動の結果として生じた留保利益を区別すること

第1の資本と利益の区分は，維持すべき資本そのものの増減と資本の利用によって生じる利益を峻別（しゅんべつ）することを要請するもので，資本取引と損益取引の区分を意味します。この意味での資本と利益の区分は，企業会計基準第5号「貸借対照表の純資産の部の表示に関する会計基準」およびその基盤となっている企業会計基準委員会の基本概念ワーキング・グループによって2004年7月に公表された討議資料「財務会計の概念フレームワーク」（同年9月および2006年12月に一部修正）においてきわめて重要視されています。「財務会計の概念フレームワーク」では，純利益と株主資本および包括利益と純資産という2つのフローとストックの関係が示されており，第1の資本と利益の区分も，今や，2層の構造になっているといえます。

企業会計基準第25号「包括利益の表示に関する会計基準」によれば，**包括利益**（comprehensive income）とは，「ある企業の特定期間において認識された純資産の変動額のうち，当該企業の純資産に対する持分所有者との直接的な取引によらない部分をいう。」（第4項）とされています。この企業の純資産に対する持分所有者には，当該企業の株主のほか当該企業が発行する新株予約権の所有者が含まれ，連結財務諸表においては，当該企業の子会社の非支配株主も含まれます（第4項）。すなわち，連結財務諸表においては，包括利益は，純利益にその他の包括利益を加えたものといえます。

包括利益 ＝ 純利益 ＋ その他の包括利益

たとえば，連結包括利益計算書を簡略化して示すと，**図表8-4**のような様式になります。

図表8-4　連結包括利益計算書

		（単位：億円）
当期純利益		260
その他の包括利益		
その他有価証券評価差額金	400	
繰延ヘッジ損益	△ 20	
為替換算調整勘定	150	530
包括利益		790

第２の資本と利益の区分は，株主資本内部の区分の問題であり，払込資本と留保利益の区分を意味します。商法・会社法とのかかわりからすると，この第２の区分の方がより重要な問題とされます。2001年６月の商法改正以降，会計上は払込資本を構成し，維持すべきものとされますが，商法・会社法上は配当可能とされる項目が増えてきました。具体的には，減資差益，資本準備金減少差益，自己株式処分差益などの**その他資本剰余金**です。

こうした状況から，会計上の維持すべき払込資本と分配可能な留保利益の区分の要請と商法・会社法の配当規制は乖離（かいり）しており，たとえ払込資本といえども商法・会社法上は維持すべき資本とみなされないことから，払込資本と留保利益の区分をいつまでも要請する意義はすでに失われているとする見解もあります。

他方において，払込資本の払戻しと留保利益の分配は，会社財産の分配という観点からは確かに同質であるとみなすことができますが，両者の異質性を重視する伝統的な会計上の立場からは，剰余金の配当が払込資本の払戻しなのか，それとも留保利益の分配なのかを明確に区別して開示することは，今なお重要であるとの見解もあります。

第2の資本と利益の区分の観点から株主資本を分類すると，**図表8-5**のようになります（**図表8-2**もあわせて参照してください）。

図表8-5　株主資本の分類

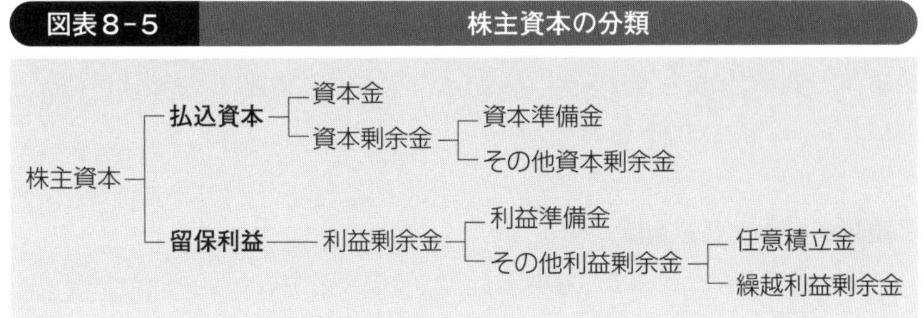

第3節◆払込資本の会計

1　資 本 金

株式会社は，株主から拠出された資金を元手に事業を営みます。株主の出資に対して，その見返りに株式が発行されます。これまで株式には，その券面に金額が表示されているか否かによって，額面株式と無額面株式とがありましたが，2001年の商法改正により額面株式が廃止され，現在新規に発行できるのは無額面株式だけです。

出資により株式を取得した株主は，株主総会に出席して議決権を行使する権利や，利益の配当や残余財産の分配を受ける権利を得ます。株主の権利は，1株式につき1つずつと平等を原則としています。

しかし，会社は，権利内容に差異のある株式を発行することもできます。たとえば，配当を優先的に受けられる優先株式や，配当について他の株式よりも劣後的な劣後株式がその典型です。配当の受取に有利な権利が与えられている優先株式は，しばしば，その代わりに議決権のない無議決権株式として発行されます。また，優先株式には，保有者の請求または発行会社の請求により償還できる償還株式，あるいは，一定の条件を満たした場合に普通株式に転換される転換株式などがあります。

会社法では，株式を発行した場合，原則として，株主が払い込んだ金額の全額を資本金に組み入れることとされています（会社法第445条）。ただし，払込金額のうち２分の１を超えない額は資本金に組み入れないことができます。この場合には，資本金とされなかった部分は，法定の準備金である資本準備金として計上しなければなりません。

<設例８－１>　払込金額の処理

普通株式を１株2,000円で1,000株発行し，その全額の払い込みを受けました。この場合，資本金に組み入れるべき金額はいくらになりますか。

<解説>

この場合には，原則として，払込金額の総額200万円（＝2,000円×1,000株）を資本金としなければなりませんが，払込金額の２分の１までの金額100万円を資本金としないことができます。資本金とされなかった部分は，資本準備金とされます。払込金額の２分の１を資本金にしない場合の仕訳は次のとおりです。

（借）	現金預金	2,000,000	（貸）	資本金	1,000,000
				資本準備金	1,000,000

資本金は，まず会社設立に際し，金銭の出資または現物の出資があったときに計上されますが，その後の追加出資によって増加します。また，資本準備金またはその他資本剰余金の資本組み入れによっても資本金は増加します。さらに，吸収合併，吸収分割，株式交換などによる新株発行によっても資本金は増加します。

なお，会社法では資本と利益を区別する観点から，利益準備金やその他利益剰余金を資本金に組み入れることが禁止されてきましたが，利益剰余金の資本組入を求める実務界の強い要望から，2009年3月の会社計算規則の改正により，利益剰余金の資本組入が再び認められるようになりました。

資本金の減少は，欠損塡補などの目的で行われます。資本金の減少は，株主総会の決議をもって行うことができ，資本金の減少した額は，準備金または剰余金に振り替えられます。なお，減少する資本金の額に下限はなく，効力発生日における資本金の額を限度として行うことができるので，資本金がゼロになることもありえます。

2　資本剰余金

株主により払い込まれた資本のうち，資本金以外の部分は資本剰余金と呼ばれます。資本剰余金のうち，会社法により積立が強制されているのが資本準備金であり，それを超える部分がその他資本剰余金です。

資本準備金は，株主が出資にあたり払い込んだ金額のうち資本金に計上されなかった部分（払込剰余金）です。合併等の組織再編によっても資本準備金は増加します。また，株主総会の決議により，資本金を減少して資本準備金を増加することができますし，その他資本剰余金を減少して資本準備金を増加することもできます。

他方において，会社法によれば，株主総会の決議をもって資本準備金の額を減少させることができますが，この場合には，同額を資本金またはその他資本剰余金としなければなりません。

その他資本剰余金は，資本剰余金のうち資本準備金以外のものをいいます。その他資本剰余金は，会計上は払込資本の一部ですが，会社法上は分配可能額とされます。利益剰余金がマイナスとなっている場合には，その他資本剰余金を減額して，欠損塡補をすることができます。

第4節◆留保利益の会計

留保利益とは，企業が稼得した利益のうち分配されずに企業に留保されている部分です。留保利益は，利益剰余金とも呼ばれます。**利益剰余金**は，①会社法により積立が強制されている利益準備金と，②利益準備金以外の利益剰余金であるその他利益剰余金からなります。

1　利益準備金

利益準備金は，利益のうちから会社法の定めによって強制的に積み立てられたものです。会社計算規則によれば，会社は，資本準備金と利益準備金を併せて，資本金の４分の１に達するまで積み立てなければなりません（会社計算規則第22条）。資本金の４分の１の額を基準資本金額といいます。

また，会社は，剰余金の配当をする場合，配当額の10分の１に相当する額を準備金として積み立てなければなりません（会社法第445条第４項）。その他利益剰余金から配当を行った場合には，その額の10分の１に相当する額をその他利益剰余金から利益準備金として計上しなければなりません。その他資本剰余金から配当した場合には，その他資本剰余金から資本準備金として計上しなければなりません。ただし，資本準備金または利益準備金として積み立てなければならないのは，資本準備金と利益準備金の合計額が資本金の４分の１（基準資本金額）に達するまでです。

＜設例８-２＞　準備金の積立て

その他資本剰余金からの配当100万円およびその他利益剰余金からの配当200万円を株主総会で決議しました。配当後の資本準備金と利益準備金はいくらになりますか。なお，直前の資本金，資本準備金，利益準備金の残高は，それぞれ5,000万円，800万円，300万円でした。

＜解説＞

準備金の積立限度額は1,250万円（＝5,000万円×$\frac{1}{4}$）です。その他資本剰余金から配当した場合には，その額の10分の１に相当する額をその他資本剰余金から資本準備金として計上しなければならないので，積み立てるべき資本準備金は10万円（＝100万円×$\frac{1}{10}$）です。その他利益剰余金から配当した場合には，その他利益剰余金から利益準備金として計上しなければならないので，積み立てるべき利益準備金は20万円（＝200万円×$\frac{1}{10}$）です。

仕訳で示すと，次のようになります。

（借）	その他資本剰余金	1,100,000	（貸）	未払配当金	3,000,000
	その他利益剰余金	2,200,000		資本準備金	100,000
				利益準備金	200,000

結果，配当後の資本準備金は，810万円，利益準備金は320万円となります。

２　その他利益剰余金

利益準備金以外の利益剰余金は，**その他利益剰余金**と呼ばれます。その他利益剰余金は，株主総会の決議によって会社が任意に留保した任意積立金と，処分が未定の状態にある繰越利益剰余金からなります。

任意積立金とは，法律によって積立てが強制されておらず，会社の意思によって積み立てられた積立金です。任意積立金には，配当資金を確保するために設定された配当積立金や事業拡張に備えるために積み立てられた事業拡張積立金のように目的を定めた積立金と，別途積立金のように特定の目的の定めのない積立金があります。目的や使途を特定しない別途積立金の額が大きくなる傾向が見られます。

１会計期間の事業活動の結果として，当期純利益が損益計算書の末尾に表示されますが，この当期純利益の金額が貸借対照表の繰越利益剰余金に振り替えられます。処分されずに残っていた繰越利益剰余金残高に，当期純利益から振り替えられた額が加算されて，次の株主総会の処分の対象となります。

第５節◆剰余金の配当

株主総会における剰余金処分決議などを通じて株主に配当として処分できる

金額の限度額については，会社法は**分配可能額**という概念で規制しています（会社法第461条第２項，会社計算規則第156条，第158条）。分配可能額は，最終事業年度末日現在では，次のように計算されます。

＜分配可能額の算定＞
分配可能額 ＝ 剰余金の額 －（自己株式 ＋ 会社法第461条第２項第６号で定めるその他減ずるべき額）

ここでいうところの剰余金の額とは，次のように算定されます（会社法第446条）。

＜剰余金の額の算定＞
剰余金の額 ＝ 資産＋自己株式 －（負債 ＋ 資本金 ＋ 準備金 ＋ 法務省令で定める各勘定科目に計上した額の合計額）

法務省令で定める各勘定科目に計上した額については，会社計算規則第149条で規定されており，評価・換算差額等，株式引受権および新株予約権を指します。したがって，剰余金の額は，その他資本剰余金およびその他利益剰余金の合計額となります。

剰余金の額から減ずるべき額とは，①のれんおよび繰延資産への財源規制に基づく控除額，②その他有価証券評価差額金がマイナスの場合の控除額，③土地再評価差額金がマイナスの場合の控除額，④連結配当規制に基づく控除額，⑤300万円の純資産額規制に基づく控除額，を指します（会社計算規則第158条）。

①は，貸借対照表の資産の部に計上されたのれんの額の２分の１と繰延資産の合計額（のれん等調整額）が，資本金と準備金の合計額を超える場合，その超過額を分配可能額から控除することを求めています。この規制は，企業結合から生ずるのれんの額が巨額になるおそれがあること，および，のれんと繰延資産は換金価値のない擬制資産であることを理由としています。

②と③は，貸借対照表に計上されたその他有価証券評価差額金と土地再評価差額金がマイナス（借方残高）の場合には，その評価差損の額を分配可能額か

ら控除することを求めています。

④は，連結配当規制の適用を選択した会社については，連結貸借対照表の株主資本が個別貸借対照表の株主資本を下回る場合には，その差額を分配可能額から控除することを求めています。

⑤は，株式会社の資本金の額，準備金の額，株式引受権の額，新株予約権の額，および，評価・換算差額等の各項目に計上された額の合計額が300万円を下回った場合には，その差額を分配可能額から控除することを求めています。すなわち，純資産額が300万円未満の場合には，剰余金の配当はできないことになります。

さらに，最終事業年度末日から配当等の効力発生時までの期間における剰余金の変動額（期間利益を除く）を加味した額として，分配可能額は算定されます。

＜設例8-3＞　分配可能額の計算

事業年度末の貸借対照表が次のような場合，剰余金と分配可能額はいくらになるか，計算しなさい。

貸借対照表　（単位：万円）

借方	金額	貸方	金額
諸　資　産	1,500	諸　負　債	700
		資　本　金	400
		資本準備金	50
		その他資本剰余金	170
		利益準備金	10
		その他利益剰余金	250
		自 己 株 式	△80
	1,500		1,500

なお，諸資産の中には，のれん900万円と繰延資産30万円が含まれています。

<解説>

まず，剰余金の額を次のように計算します（<剰余金の額の算定>参照）。

剰余金 ＝ 資産1,500万円 ＋ 自己株式80万円 －（負債700万円
＋ 資本金400万円 ＋ 資本準備金50万円 ＋ 利益準備金10万円）
＝ 420万円

次に，分配可能額を計算するために，のれんの額の２分の１と繰延資産の額の合計額であるのれん等調整額480万円（＝900万円÷２＋30万円）が，資本金と資本準備金と利益準備金の合計額である資本等金額460万円（400万円＋50万円＋10万円）を超えているかどうかを確かめます。のれん等調整額の方が資本等金額よりも20万円（480万円－460万円）大きいので，分配可能額の算定にあたってこの差額20万円が減算されます。

したがって，分配可能額は次のように計算されます（<分配可能額の算定>参照）。

分配可能額 ＝ 剰余金420万円 － 自己株式80万円
－ のれん等調整額にかかわる減算額20万円 ＝ 320万円

なお，実際に配当を行う場合には，配当額の10分の１に相当する額を準備金として積み立てる必要があるので，分配可能額の全額が株主に配当できるわけではありません。もし10分の１を準備金として積み立てなければならないときには，実際に分配可能な額は約290万円（≒320万円×$\frac{10}{11}$）となります。

ここでは，ごく単純なケースを紹介しました。会社法の分配可能額に基づく規制はきわめて複雑です。詳細については，専門的な文献を参照してください。

第６節◆自己株式

発行済の自社の株式を買い戻して保有している場合，その株式を自己株式といいます。従来，自己株式の取得は原則として禁止されていました。これは，

自己株式の取得は実質的に資本の払戻しであり，資本の充実に反すること，および，経営者が内部情報に基づいて行う不公正な取引を阻止することなどのためでありました。

ところが，2001年（平成13年）商法改正により，自己株式の取得が原則自由となりました。自己株式の取得は，流通する株式数を減少させるので，株式の需給関係を改善させ，株価を下支えする効果が期待されます。また，ストック・オプションなどの新株予約権の権利行使に備えるためや，企業の買収に対処するために，自己株式の取得が行われます。

自己株式に関する会計処理は，企業会計基準委員会から2005年12月に公表された改正企業会計基準第1号「自己株式及び準備金の額の減少等に関する会計基準」および改正企業会計基準適用指針第2号「自己株式及び準備金の額の減少等に関する会計基準の適用指針」に定められています。

従来，自己株式の取得が原則禁止されていたときには，自己株式を消却する場合を除いて，取得した自己株式は早期に処分しなければなりませんでした。そのため，自己株式は，他の会社の株式を一時的に保有しているのと同様に，資産として処理されていました（資産説）。しかし，自己株式の取得が原則自由とされてからは，実質的に資本の払戻しであることから，株主資本から控除されることになりました（資本控除説）。

したがって，取得した自己株式は，取得原価をもって純資産の部の株主資本から控除し，期末に保有する自己株式は，純資産の部の株主資本の末尾に自己株式として一括して控除する形式で表示されます（**図表8-2**参照）。

なお，会社法では，自己株式の取得は，株主に対する会社財産の分配であり，剰余金の分配の1つのケースとみなしています。取得できる自己株式の総額については分配可能額による財源規制が設けられています。

自己株式を失効手続きにより消却するときは，従来，取締役会等の会社の意思決定機関によってその他資本剰余金を財源とするか，その他利益剰余金を財源とするかを決定し，その結果に従い会計処理することとされていましたが，「会社計算規則」（第47条第3項）において優先的にその他資本剰余金から減額することが規定されたため，2006年改正の「企業会計基準第１号」では，自己株式を消却した場合には，消却の対象となった自己株式の帳簿価額をその他資本剰余金から減額することとされました。

自己株式を処分（売却）した場合には，株式に対する払込価額と自己株式の帳簿価額の差額は自己株式処分差損益として処理されます。自己株式の処分は株主との資本取引であるので，自己株式処分差損益は損益計算書には計上せず，払込資本として処理します。自己株式処分差益はその他資本剰余金に加えられ，自己株式処分差損はその他資本剰余金から控除されます。もしも自己株式処分差損が大きすぎて，その他資本剰余金だけでは足りない場合には，その他利益剰余金（繰越利益剰余金）で補うことになります。

なお，「企業会計基準第１号」においては，その他資本剰余金残高を超える自己株式処分差損が発生した場合の会計処理については，その発生のつど，その他利益剰余金で補てんするのではなく，会計期間末において，その他利益剰余金（繰越利益剰余金）で補てんし，その残高を確定する方法が採用されています。

たとえば，帳簿価額1,000万円の自己株式を700万円で処分したとすると，取引発生時に次のように仕訳しておきます。

（借）	現金預金	7,000,000	（貸）	自己株式	10,000,000
	自己株式処分差損	3,000,000			

決算時において，その他資本剰余金には自己株式処分差益200万円しかないとすると，その他資本剰余金で補いきれない分については，その他利益剰余金（繰越利益剰余金）で補てんすることになり，次のように仕訳されます。

（借）	自己株式処分差益	2,000,000	（貸）	自己株式処分差損	3,000,000
	繰越利益剰余金	1,000,000			

考えてみよう･調べてみよう

⑴　純資産と株主資本の相違は何か，説明しなさい。

⑵　会計上，資本と利益の区分が要請されるのはなぜか，説明しなさい。

⑶　会社法における分配可能額の詳細について，より専門的な文献を参照して，調べてみましょう。

⑷　自己株式の会計処理には，資産説と資本控除説があります。両説の違いを説明しなさい。

収益と費用の会計

本章では，収益および費用をいつ，どのような事象に基づいて認識するのかについて学びます。とくに，収益の認識基準である実現主義の考え方，および，新しい収益認識基準が中心的な課題となりますので，しっかりと理解しましょう。

第1節◆現金主義と発生主義

収益および費用をいつ，どのような事象に基づいて認識するのかについては，**現金主義**（cash basis）と**発生主義**（accrual basis）という2つの方法があります。

- 現金主義 ⇒ 現金の収支という事実に基づいて取引を認識する方法
- 発生主義 ⇒ 財・サービスの価値の増減という事実に基づいて取引を認識する方法

現金主義は，収入および支出という現金の流れに基づいて収益および費用を認識し，収入と支出の差額を純利益とみなす考え方です。現金主義は，損益の確実な計上を可能にするという利点を有しますが，信用制度の発達や固定資産の増大に伴い，現金の収支と財・サービスの価値の増減の発生の間に大きな時間的なずれが生じてしまったため，現金主義は実態に合わなくなってしまいました。

たとえば，現金主義をそのまま適用すると，固定資産や商品を購入したときに支出額がすべてその期の費用とされてしまいますし，商品を販売しても代金を受け取るまでは収益を認識できません。こうした事情から，歴史的には現金主義から発生主義へと変化してきました。

これに対して，発生主義は，現金の受払いにかかわりなく，財やサービスというものの流れに基づいて収益および費用を認識するという考え方です。発生主義によれば，費用は，現金支出の時点とはかかわりなく，財またはサービスが消費されたときに計上されます。たとえば，固定資産は，購入時点に全額費用計上されるのではなく，それが使用される期間にわたって減価償却費として毎期費用として計上されます。

第2節◆実現主義

実現主義（realization basis）とは，商製品の引渡しやサービスの提供により換金性の高い資産を獲得した時，収益が実現したとみなして，その時に収益を認識するという考え方です。

収益の認識については，発生主義をそのまま適用すると，生産過程で増加した価値や相場の騰貴による評価益などが計上されることになりますが，実現主義はこれらの不確定な状態にある収益を認識せず，実現するまで計上を見合わせることを要請するものです。すなわち，未実現利益の計上を回避するために，収益の認識については実現主義が採られています。

実現主義は，商製品の引渡しというものの流れに注目しているという点で発生主義の側面をもち，換金性の高い資産の獲得という貨幣の流れを重視するという点で現金主義的な側面ももちます。したがって，実現主義は，発生主義と現金主義の折衷（せっちゅう）・妥協といえるかもしれません。

実現主義は，未実現の評価益の計上を排除するため，たとえ時価が値上がりしても原価のまま評価し続けるという意味で，原価主義と実現主義は表裏一体の関係にあるとされます。

第3節◆実現主義の適用

1　実現の要件

実現主義は，次のような2つの要件を満たしたとき，収益は実現したとみなし，収益を計上する考え方です。

> ①　財・サービスの提供
> ②　その対価としての現金または現金同等物の獲得

たとえば，製造業の営業過程は，通常，次のように示されます。

> 原材料などの仕入 → 製品の生産 → 製品の販売 → 販売代金の回収

このプロセスにおいて，販売の時点で①製品の引渡しと，②売上債権の獲得，という2つの要件が満たされます。したがって，製品が販売された時点すなわち収益が実現した時点で収益が認識されます。販売という事実を強調するので，**販売基準**ともいわれます。

2　販売基準の論拠

なぜ，生産段階や代金回収時点ではなく，販売した時点で収益を認識するのでしょうか。

第1の理由は，販売という外部との取引によって，その取引を証明する証拠資料（注文書や出荷伝票など）が存在するので，検証可能性があるということです。

第2の理由は，販売時点では取引の相手方に対して売上債権が発生しており，代金回収の確実性が高いため，資金的裏付けのある収益を計上することができるということです。

3　販売基準の適用

販売時点で収益を認識するといっても，具体的に商製品等の出荷，引渡し，検収等の販売プロセスにおけるどの時点で販売したとみなすべきなのでしょうか？　一般に，①商製品を発送（出荷）した段階，②商製品を相手方に引き渡した段階，③相手方が商製品の検収を終えた段階，が考えられます。それぞれ，①発送（出荷）基準，②引渡基準，③検収基準と呼ばれています。対象となる商製品の特性に合った基準を選択し，継続的に適用することが重要です。

4　特殊販売形態への適用

以上のように，通常の販売形態の場合には，販売基準が適用されます。それでは，特殊な販売形態の場合には，実現主義は具体的にどのように適用されるのでしょうか。「企業会計原則」によれば，次のとおりです。

①　委託販売

委託販売とは，他企業に自社の商製品の販売を依頼する取引です。この場合には，委託者が受託者に商製品を発送しても，その時点ではまだ販売したことにはならないので，収益を認識することはできません。受託者が第三者に販売した時点，あるいは，その報告が委託者に届いた時点で売上を計上します。

②　試用販売

試用販売とは，商製品を顧客に引き渡し，試しに使ってもらい，気に入れば買い取ってもらうという形態の販売です。商製品を顧客に発送した時点ではなく，顧客が買取りの意思を表明した時点で売上を計上します。

③　予約販売

予約販売とは，商製品の引渡しの前にあらかじめ予約金を受け取る形態の販売です。この場合には，受け取った予約金のうち決算日までに商製品の引渡しまたはサービスの提供が完了した分だけを収益として計上し，残りは貸借対照表の負債の部に前受金として計上します。

上記の①，②，③の場合には，実現の２つの要件がいずれも満たされたときに収益が認識されます。

④　割賦販売

割賦販売とは，販売代金を分割して回収するという販売方法です。割賦販売であっても，商製品を販売した時点で収益を認識する販売基準が原則です。しかし，割賦販売は，代金の回収が長期にわたり代金回収の危険が高いことや，販売後に代金請求などの事後費用がかかることから，割賦金の回収期限到来日または回収した日をもって売上を計上する**回収期限到来基準**または**回収基準**も認められています。これらの基準は，**割賦基準**と呼ばれることもあり，現金主義に近い収益認識基準といえます。

ただし，本章第４節で取り上げる新しい収益認識基準においては，割賦基準は認められなくなりました。

⑤　長期請負工事（工事契約）

土木，建築，造船などの完成までに長期間を要する工事については，「企業会計原則」（注解注７）では，工事完成基準と工事進行基準という２つの方法の選択適用が認められてきました。

工事完成基準とは，工事が完成し，その引き渡しが完了したときに収益を計上する基準であり，販売基準と同じ考え方に基づくものです。しかし，この基準によると，工事の完成に至るまでの各期間には工事が行われたにもかかわらず，収益は計上されず，完成した期間だけに多額の収益が計上されることになるので，期間ごとの収益・利益が大きく変動することになります。

工事進行基準とは，工事の進行程度に応じて収益を分割して計上する基準です。工事進行基準は，生産段階での収益の計上を認めることから，発生主義に近い収益認識基準といえます。工事の進行度は，通常，実際に発生した工事原価と見積総工事原価の割合で求められます。長期請負工事の場合には，相手方も請負価額も確定しており，代金の一部を前受するので，完成引き渡し前に収益を認識する工事進行基準が認められてきました。

＜設例９-１＞　工事進行基準と工事完成基準の比較

XYZ建設は，第１年度期首に工事期間３年にわたる橋梁の建設を請け負いました。請負契約金額は21,000万円，予想工事総原価は15,000万円，実際の発生工事原価は第１年度6,000万円，第２年度5,000万円，第３年度4,000万円でした。工事進行基準による各年度の工事収益および工事利益を求めなさい。

＜解説＞

第１年度の工事収益は，次のように算定されます。

21,000万円×(6,000万円÷15,000万円)＝8,400万円

第１年度の工事原価は6,000万円であるので，第１年度の工事利益は2,400万円となります。

第２年度以降の工事収益は，次のように算定されます。

$$各期の工事収益＝請負契約金額×\frac{当期末までの発生工事原価}{予想工事総原価}－前期までの工事収益累計額$$

したがって，第２年度の工事収益は，次のように算定されます。

$$21{,}000万円×\frac{(6{,}000万円+5{,}000万円)}{15{,}000万円}－8{,}400万円＝7{,}000万円$$

第２年度の工事利益は2,000万円（＝7,000万円－5,000万円）となります。

第３年度の工事収益は，次のように算定されます。

$$21{,}000万円×\frac{(6{,}000万円+5{,}000万円+4{,}000万円)}{15{,}000万円}－(8{,}400万円＋7{,}000万円)＝5{,}600万円$$

第３年度の工事利益は1,600万円（＝5,600万円－4,000万円）となります。

これに対して，工事完成基準の場合には，工事が完成し引渡しを行った第３年度に工事収益および工事原価を一括して損益計算書に計上します。

設例９-１に基づいて，工事完成基準と工事進行基準の収益認識時点の相違を示すと，次のようになります。両基準は３年間の総額では同じですが，工事進行基準の方が収益の認識時点が早いことがわかります。

＜工事進行基準の場合＞

	第1年度	第2年度	第3年度	合　計
工事収益	8,400万円	7,000万円	5,600万円	21,000万円
工事原価	6,000万円	5,000万円	4,000万円	15,000万円
工事利益	2,400万円	2,000万円	1,600万円	6,000万円

＜工事完成基準の場合＞

	第1年度	第2年度	第3年度	合　計
工事収益	—	—	21,000万円	21,000万円
工事原価	—	—	15,000万円	15,000万円
工事利益	—	—	6,000万円	6,000万円

ところが，2007年12月に，企業会計基準委員会は，国際的な会計基準とのコンバージェンスをめざして，企業会計基準第15号「工事契約に関する会計基準」を公表しました。この基準によって，工事契約に関しては，その進捗（しんちょく）部分について成果の確実性が認められる場合には工事進行基準を適用し，成果の確実性が認められない場合には工事完成基準を適用することとなりました。すなわち，従来の選択適用から，状況に応じての適用となりました。

さらに，2018年３月に新しい収益認識基準（本章第４節参照）が公表され，この基準が工事契約も含めて包括的に収益認識の問題を取り扱うため，「工事契約に関する会計基準」は廃止されました。

第４節◆収益認識に関する会計基準

1　新しい収益認識基準

企業会計基準委員会は，2018年３月30日に，企業会計基準第29号「収益認識に関する会計基準」を公表しました。これは，国際会計基準審議会（IASB）と米国財務会計基準審議会（FASB）が共同して開発した収益認識に関する包括的な会計基準「顧客との契約から生じる収益」（IASBではIFRS第15号，FASBではトピック606）を日本にも導入して，国際的な比較可能性を高めようとしたものです。

収益認識基準は，IFRS第15号の内容を基本的にすべて取り入れるとともに，日本の実務への適用に支障が生じるおそれのある項目については，代替的な取扱いを例外的に認めています。

収益認識基準の基本となる原則は，約束した財またはサービスの顧客への移転を，当該財またはサービスと交換に企業が権利を得ると見込む対価の額で描写するように，収益の認識を行うことです。基本となる原則に従って収益を認識するために，次のような５つのステップを適用します。

ステップ１：顧客との契約を識別する。
ステップ２：契約における履行義務を識別する。
ステップ３：取引価格を算定する。
ステップ４：契約における履行義務に取引価格を配分する。
ステップ５：履行義務を充足した時に又は充足するにつれて収益を認識する。

ステップ１の契約の識別では，収益認識基準を適用するにあたり，一定の要件を満たす顧客との契約を識別します。ステップ２の履行義務の識別では，顧客との契約において約束した財またはサービスが複数のものからなる場合には，それぞれを別個の履行義務として識別します。

ステップ３の取引価格の算定では，変動対価，契約における重要な金融要素，顧客に支払われる対価等の影響を考慮して，取引価格を算定します。ステップ４の履行義務への取引価格の配分では，契約において約束した別個の財またはサービスのそれぞれの独立販売価格の比率に基づき，それぞれの履行義務に取引価格を配分します。

ステップ５の履行義務の充足による収益の認識では，約束した財またはサービスを顧客に移転することによって履行義務を充足した時にまたは充足するにつれて，充足した履行義務に配分された額で収益を認識します。一定の要件を満たす場合には一定の期間にわたり充足される履行義務として，一定の期間にわたって収益を認識します。一定の要件を満たさない場合には，一時点で充足される履行義務として，資産に対する支配を顧客に移転することにより当該履行義務が充足される時に，収益を認識します。

収益認識基準は，対応するための十分な準備期間を勘案し，2021年４月１日以後開始する連結会計年度および事業年度の期首から強制適用されることになりました。

なお，収益認識基準の適用に伴い，「工事契約に関する会計基準」，「工事契約に関する会計基準の適用指針」，「ソフトウェア取引の収益の会計処理に関する実務上の取扱い」は廃止されました。以下，収益認識における５つのステップの要点を概説しましょう。

２　契約および履行義務の識別

①　**契約の識別**（ステップ１）

収益認識の最初のステップは，会計処理の対象となる顧客との契約を識別することです。収益認識基準における契約とは，法的な強制力のある権利と義務を生じさせる複数の当事者間における取決めをいいます。収益認識基準の適用対象となるのは，次のような５つの要件すべてを満たす顧客との契約です。

⑴　当事者が，書面，口頭，取引慣行等により契約を承認し，それぞれの義務を履行することを約束していること
⑵　移転される財またはサービスに関する各当事者の権利を識別できること
⑶　移転される財またはサービスの支払条件を識別できること
⑷　契約に経済的実質があること
⑸　顧客に移転される財またはサービスと交換に企業が権利を得ることとなる対価を回収する可能性が高いこと

② **履行義務の識別**（ステップ２）

収益認識の第２のステップは，契約に含まれる履行義務を識別することです。１つの契約の中に，別個の財またはサービスを顧客に移転する約束が複数含まれている場合には，顧客に移転する約束のそれぞれを履行義務として識別します。識別されたそれぞれの履行義務が収益認識の単位となります。

たとえば，企業が顧客と，ある商品の販売と４年間にわたる保守サービスの提供を１つの契約として締結した場合，商品の販売と保守サービスの提供という２つの約束をそれぞれ履行義務として識別し，それぞれを収益認識の単位とします。

３　取引価格の算定と配分

① **取引価格の算定**（ステップ３）

収益認識の第３のステップは，取引価格を算定することです。取引価格とは，財またはサービスの顧客への移転と交換に企業が権利を得ると見込む対価の額をいいます。ただし，消費税のように第三者のために回収する額は含めません。したがって，消費税等相当額を収益に含めない税抜方式のみが認められます。

また，契約において顧客と約束した対価に変動する可能性のある部分（変動対価）が含まれる場合には，財またはサービスの顧客への移転と交換に企業が権利を得ることとなる対価の額を見積ることが必要になります。変動対価が含まれる取引の例としては，値引き，リベート，返金等により対価の額が変動する場合や，返品権付きの販売等があります。

なお，変動対価の額の見積りにあたっては，発生し得ると考えられる対価の額における最も可能性の高い単一の金額（最頻値）による方法と，発生し得ると考えられる対価の額を確率で加重平均した金額（期待値）による方法のいずれかのうち，企業が権利を得ることとなる対価の額をより適切に予測できる方法を用います。

さらに，対価の支払いが相当期間にわたるような，顧客との契約に重要な金融要素が含まれている場合には，取引価格の算定にあたっては，対価の額に含まれる金利相当分を除外します。具体的には，収益は，約束した財またはサービスが顧客に移転した時点で（または移転するにつれて），当該財またはサービスに対して顧客が支払うと見込まれる現金販売価格を反映する金額で認識します。ただし，財またはサービスの移転時点から顧客が支払を行う時点までの間が１年以内であれば，金利相当分を調整しないことができます。

②　**履行義務への取引価格の配分**（ステップ４）

契約に複数の履行義務が含まれている場合には，ステップ３で算定された取引価格をそれぞれの履行義務に配分します。具体的には，財またはサービスの取引開始日における独立販売価格の比率に基づいて，取引価格をそれぞれの履行義務に配分します。なお，独立販売価格とは，財またはサービスを独立して企業が顧客に販売する場合の価格をいいます。

４　履行義務の充足による収益の認識

①　**履行義務の充足による収益の認識**（ステップ５）

収益認識基準では，収益は，企業が履行義務を充足することにより認識されます。履行義務の充足とは，企業が約束した財またはサービスを顧客に移転することをいいます。従来の実現概念と内容的にはあまり変わらないようにも思われます。

企業が履行義務を充足するパターンは，⑴履行義務を一時点で充足する場合と，⑵履行義務を一定期間にわたって充足していく場合とに，大きく分けることができます。⑴の場合には，収益は一時点で一括して認識されるのに対して，⑵の場合には，収益は一定期間にわたって徐々に認識されます。したがって，識別されたそれぞれの履行義務が，いずれのパターンであるのかを判定することが重要になります。

収益認識基準では，一定期間にわたり充足される履行義務を先に特定し，それ以外を一時点で充足される履行義務とみなします。

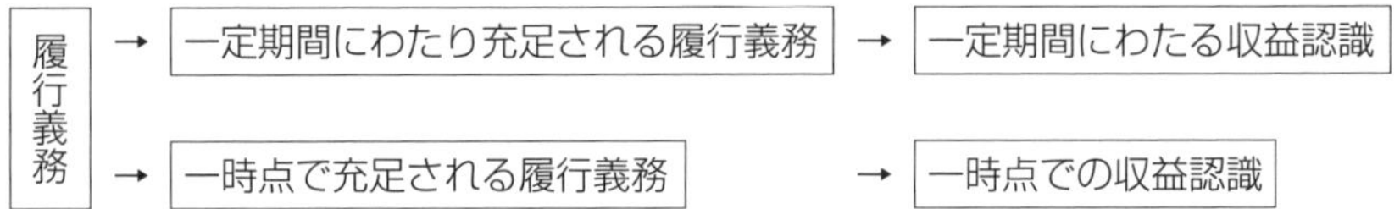

② **一定期間にわたる収益認識**

次の３つの要件のいずれかを満たす場合には，資産に対する支配が一定期間にわたり顧客に移転され，一定期間にわたり充足される履行義務として，一定期間にわたって収益を認識します。

(1) 企業が顧客との契約における義務を履行するにつれて，顧客が便益を享受すること
(2) 企業が顧客との契約における義務を履行することにより，資産の創出または資産の価値増加が生じ，それにつれて顧客が当該資産を支配すること
(3) 次の要件のいずれも満たすこと
　① 企業が顧客との契約における義務を履行することにより，別の用途に転用することができない資産が生じること
　② 企業が顧客との契約における義務の履行を完了した部分について，対価を収受する強制力のある権利を有していること

ただし，期間がごく短い工事契約および受注制作のソフトウェアについては，一定期間にわたり収益を認識せず，完全に履行義務を充足した時点で収益を認識することができます。

一定期間にわたり充足される履行義務については，履行義務の充足に係る進捗度を見積り，その進捗度に基づいて収益を一定期間にわたり認識します。履行義務の充足に係る進捗度の見積り方法には，アウトプット法とインプット法があり，財またはサービスの性質を考慮して選択します。

アウトプット法は，現在までに移転した財またはサービスの顧客にとっての価値を直接的に見積り，現在までに移転した財またはサービスと契約において

約束した残りの財またはサービスとの比率に基づいて，収益を認識する方法です。アウトプット法に使用される指標には，現在までに履行を完了した部分の調査，達成した成果の評価，経過期間，生産単位数等があります。

インプット法は，履行義務の充足に使用されたインプットが契約における取引開始日から履行義務を完全に充足するまでに予想されるインプット合計に占める割合に基づいて，収益を認識する方法です。インプット法に使用される指標には，消費した資源，発生した労働時間，発生したコスト，経過期間，機械使用時間等があります。

なお，履行義務の充足に係る進捗度を合理的に見積ることはできないが，当該履行義務を充足する際に発生する費用を回収することが見込まれる場合には，履行義務の充足に係る進捗度を合理的に見積ることができる時まで，原価回収基準（履行義務を充足する際に発生する費用のうち，回収することが見込まれる費用の金額で収益を認識する方法）により処理します。この方法によれば，収益と費用が同額となり，利益はゼロとなります。ただし，契約の初期段階においては，原価回収基準を適用せず，収益を認識しない方法も認められています。

従来の「工事契約に関する会計基準」では，工事の進捗部分について成果の確実性が認められない場合には，工事完成基準が適用されてきましたが，本会計基準では，発生済みの費用が回収可能であることを条件に，原価回収基準が適用されることになりました。

③　一時点での収益認識

先に述べた一定期間にわたり充足される履行義務の３つの要件のいずれにも該当しない場合には，一時点で充足される履行義務として，資産に対する支配を顧客に移転することにより，当該履行義務が充足される時に，収益を認識します。支配の移転時点を決定するさいには，次のような指標を考慮することが必要です。

(1) 企業が顧客に提供した資産に関する対価を収受する現在の権利を有していること (2) 顧客が資産に対する法的所有権を有していること (3) 企業が資産の物理的占有を移転したこと (4) 顧客が資産の所有に伴う重大なリスクを負い，経済価値を享受していること (5) 顧客が資産を検収したこと

支配の移転は，一般に，顧客の検収によって確定しますが，国内の販売において，出荷時から検収時までの期間が通常の期間である場合には，出荷時や着荷時などの時点で収益を認識することもできます。これは，従来の実務で出荷基準や引渡基準が広く用いられてきたことを考慮して認められた代替的な処理です。

<設例９-２>　収益認識の５つのステップ

ABC社は，機械装置の販売および機械装置に係る４年間の保守サービスの提供を，１つの契約として24,000千円で締結し，当期首に顧客に引渡し，当期首から保守サービスを開始するとともに，代金を一括で受領しました。それぞれ単独で販売する場合には，機械装置20,000千円，４年間の保守サービス5,000千円です。便宜上，消費税や金融要素は無視します。

この場合，機械装置の販売と保守サービスの提供を履行義務として識別し，両者に対する取引価格を24,000千円と算定します。両者の独立販売価格に基づいて，取引価格を両者に配分し，機械装置の取引価格は19,200千円（＝24,000千円×20,000千円÷25,000千円），保守サービスの取引価格は4,800千円（＝24,000千円×5,000千円÷25,000千円）とします。機械装置の販売は一時点で充足される履行義務と判断し，引渡し時に収益を認識します。保守サービスは一定期間にわたり充足される履行義務と判断し，４年間にわたり収益を認識します。

当期首の仕訳（借）	現金預金	25,000,000	（貸）	売　　上	19,200,000
				契約負債	4,800,000
当期末の仕訳（借）	契約負債	1,200,000	（貸）	役務収益	1,200,000

なお，契約負債とは，財またはサービスを顧客に移転する企業の義務に対して，企業が顧客から受け取ったものまたは対価を受け取る期限が到来しているものをいいます。

第５節◆費用の認識

費用は発生主義に基づいて認識されます。発生主義によれば，費用は，財やサービスを買い入れたときではなく，財やサービスが消費されたときに発生したと考えられます。財やサービスの消費が発生したと認められる時点で費用を認識することによって，企業の経営活動に即した損益計算が可能となります。

たとえば，販売費及び一般管理費に含まれる給料，広告宣伝費，支払家賃，水道光熱費などの諸経費，あるいは，支払利息などの財務費用は，発生した期に費用として認識されます。

しかし，発生費用のすべてが当期の費用になるわけではありません。たとえば，製造活動に関連して発生した材料費，労務費，経費などは，当期の製品売上高に対応する部分だけが当期の費用となります。仕掛品や製品の在庫として残っている部分は資産として貸借対照表に繰り越されます。この点については，すでに本書の第３章「棚卸資産の会計」で学んだところです。

第６節◆費用収益対応の原則

「企業会計原則」によれば，費用は発生主義によって認識し，支出額に基づいて測定します。他方，収益は実現主義によって認識し，収入額に基づいて測定します。その結果，期間損益計算上，費用と収益の認識に時間的なずれが生じることになります。この時間的なずれを調整して，適正な期間損益を算定するために，１会計期間に属するすべての実現収益にこれと一定の対応関係をもつすべての費用を対応させることが必要となります。これを**費用収益対応の原則**といいます。

この原則に従い，発生主義によって認識された費用のうち，当期に実現した収益に対応する部分だけが当期の費用として計上されます。それ以外の発生費用は，次期以降の収益に対応させるために，資産として貸借対照表に繰り越されることになります。

また，いまだ発生していない費用であっても，それが当期の収益に関連して将来発生すると予想される場合には，当期における費用として引当計上することもあります。

本書の第５章「無形固定資産および繰延資産の会計」で取り上げられた繰延資産や，本書の第７章「負債の会計」で取り上げられた引当金は，費用収益対応の原則を主たる根拠として計上される項目です。

経営活動の成果である収益とそれを獲得するために費やされた努力である費用とをどのように対応させるかは，企業の業績を明らかにする上で重要な課題です。このような収益と費用の対応計算には，①個別的対応と，②期間的対応，という２つの形態があります。

個別的対応は，個々の商製品を媒介として，商製品の販売によって得られた収益と，商製品の仕入製造に要した費用とを個別的に対応させる形態です。商製品の売上高と商製品の売上原価との対応は，個別的対応の典型的なものです。

これに対して，**期間的対応**は，会計期間を媒介として，その期間に得られた収益と，それらの収益を獲得するために必要とされた費用とを期間的に対応させる形態です。たとえば，販売費や一般管理費は売上収益獲得のために費やされた費用ですが，個々の売上収益と個別的に対応させるのは困難であるため，期間的に売上高と対応させられることになります。

さらに，営業外費用と営業外収益の対応については，どの費用がどの期間の収益を生み出したかという期間的な対応関係さえもありません。それぞれの費用と収益は別個に認識されて損益計算書の表示の面で期間的に対応されるにすぎません。

収益を獲得するための努力を費用として，獲得された成果を収益として表現しようとする会計においては，努力（費用）と成果（収益）の対応計算は基本的な理念といえます。しかし，実際には，ある費用がどれだけの収益をどの期間に生み出したかを確認することは困難な場合が多いです。

考えてみよう・調べてみよう

⑴　収益の認識基準としてなぜ実現主義が採用されているのか，その理由を説明しなさい。

⑵　企業会計基準委員会から公表されている討議資料「財務会計の概念フレームワーク」では，実現概念に代えて「投資のリスクからの解放」という概念が提唱されています。この概念について調べてみましょう。

⑶　商品の販売とともに，将来利用可能なポイントを顧客に付与した場合，どのように会計処理すべきか，考えてみましょう。

⑷　収益に関する重要な会計方針の注記として，収益を認識する通常の時点を開示することが求められています。実際に，どのような時点で収益が認識されているか，調べてみましょう。

税効果会計

企業会計と課税所得計算では，目的が異なることから，会計上の利益と税務上の課税所得には差異が生じます。その結果，当期純利益と法人税の額が対応しません。それを調整するための会計が税効果会計です。その仕組みは少し複雑ですが，基本的な部分はしっかりと理解しましょう。

第1節◆企業と税金

企業は事業を行う際にさまざまな税金を負担しています。課税の対象に基づいて税金を分類すれば，①所得にかかる税金……法人税，住民税など，②財産にかかる税金……固定資産税など，③消費にかかる税金……消費税，酒税など，に分けられます。税金の性格により，会計処理も異なります。

固定資産税や不動産取得税などは，支払時に費用として処理されるか，あるいは資産の原価に含まれ，その後減価償却等により費用処理されます。

1　消費税

消費税は，企業が税務当局に支払いますが，実際の負担者は消費者です。企業は商製品を販売したとき消費者から消費税分の金額も受け取りますが，それを消費者に代わって税務当局に納付するわけです。

①　たとえば，商品の売上が800,000円の場合，消費税10％の80,000円も合わせて現金で受け取ったとすると，次のように仕訳されます。

(借) 現　　　金	880,000	(貸) 売　　　上	800,000
		仮受消費税	80,000

② 反対に，商品を仕入れたときには企業は消費税を支払います。しかし，企業は消費者ではないので消費税は負担しません。最終消費者の代わりに仮に払っているだけです。たとえば，商品を600,000円を仕入れ，10％の消費税分60,000円も合わせて掛けとした場合には，次のように仕訳されます。

(借) 仕　　　入	600,000	(貸) 買　掛　金	660,000
仮払消費税	60,000		

①，②の一連の取引による仮受消費税と仮払消費税の差額が，税務当局に支払わなければならない債務となります。

2　法人税・住民税・事業税

法人税・住民税・事業税は，企業の所得に基づいて課税されます。企業の税務目的上計算された利益である課税所得は，企業会計上の利益とは異なります（この点については，第2節で詳しく取り上げます）。課税所得は，企業会計上の利益に法人税法上の調整を加えて算定されます。

法人税・住民税・事業税は，損益計算書上，税引前当期純利益から差し引く形式で法人税，住民税および事業税として表示され，控除後の金額が当期純利益となります（**図表10－1**参照）。

図表10－1　損益計算書（一部）の例

損益計算書	（単位：億円）
売上高	7,305
・・・	
税引前当期純利益	1,305
法人税，住民税および事業税	△505
当期純利益	800

事業税は，法人税と同様に課税所得に基づいて計算されますが，税務上原則として事業税の納税申告書が提出された事業年度に損金として扱われ，課税所得を算定するさいにマイナスされます。したがって，課税所得に対するこれら3つの税金の実質的な負担（実効税率）はそれらの税率の単純な合計よりも低くなります。

「税効果会計に係る会計基準の適用指針」第4項によれば，法定実効税率は，次のような計算式により算定されます。

$$\text{法定実効税率}=\frac{\text{法人税率}\times(1+\text{地方法人税率}+\text{住民税率})+\text{事業税率}}{1+\text{事業税率}}$$

第2節◆目的の相違と税効果会計

課税所得は株主総会で報告または承認された決算に基づいて算定されますので，企業会計上の収益・費用と課税所得計算上の益金・損金は一致するのが基本です。しかし，企業会計が投資者の意思決定に有用な情報を提供することを目的としているのに対して，課税所得計算は納税者間の課税の公平性や簡便性の確保を重視することから，両者の間には差異が見られます（第1章第2節3参照）。

課税所得計算	⇒	課税所得 ＝ 益金 － 損金
企業会計	⇒	利益 ＝ 収益 － 費用

収益と益金の差異
- ①企業会計上の収益でないが，法人税法上では益金になるもの（益金算入項目）………（例）有形固定資産の交換差益
- ②企業会計上は収益だが，法人税法上では益金にならないもの（益金不算入項目）……（例）受取配当金の益金不算入

費用と損金の差異
- ①企業会計上の費用でないが，法人税法上では損金になるもの（損金算入項目）………（例）租税特別措置法による特別償却
- ②企業会計上は費用だが，法人税法上では損金にならないもの（損金不算入項目）……（例）交際費の損金不算入

企業会計上の利益と課税所得の関係を示すと，次のようになります。

課税所得 ＝ 益金 － 損金
＝ 利益 ＋ 益金算入項目 ＋ 損金不算入項目
－ 益金不算入項目 － 損金算入項目

その結果，企業会計上の利益と課税所得が異なる場合が多いのです。そのため，財務諸表に表示される法人税，住民税および事業税（法人税等）を控除する前の当期純利益と実際に支払われる法人税等とは直接に対応しない金額が計算され，企業の実態を正しく反映しないことになります。そこで，法人税等を控除する前の当期純利益に適切に対応する税金額を計上するために税効果会計が適用されます。

＜設例10-１＞ 税効果会計を適用しない場合と適用する場合

破産更生債権に対して貸倒引当金10,000千円を計上しました。このうち4,000千円は損金算入が認められませんでした。当期の税引前当期純利益は10,000千円，法人税等の法定実効税率は30％とします。

課税所得は税引前当期純利益10,000千円に損金不算入となった部分4,000千円を加えた14,000千円です。実際に支払わなければならない法人税等は，4,200千円（＝14,000千円×30％）です。

(1) 税効果会計を適用しない場合

税引前当期純利益	10,000
法人税等	△4,200
当期純利益	5,800

(2) 税効果会計を適用する場合

税引前当期純利益	10,000
法人税等	△4,200
法人税等調整額	1,200
当期純利益	7,000

(1)の税効果会計を適用しない場合には，税引前当期純利益に対する法人税等の割合は42％（＝4,200千円÷10,000千円）になります。

これに対して，(2)の税効果会計を適用する場合には，実際の納税額をそのまま企業会計上の法人税等とみなすのではなく，企業会計上の税引前利益に対するあるべき法人税等の額を算出します。すなわち，あるべき法人税等は3,000千円（＝10,000千円×30％）となります。実際に支払う法人税等とあるべき法人税等の差額1,200千円（＝4,200千円－3,000千円）は，**法人税等調整額**という勘定で調整します。

したがって，税効果会計を適用した場合には，法人税等4,200千円から法人税等調整額1,200千円を差し引いた純額3,000千円（＝4,200千円－1,200千円）が税引前当期純利益10,000千円に占める割合は30％（＝3,000千円÷10,000千円）と実効税率に等しくなり，税引前当期純利益と法人税等（純額）が適切に対応することになります。

企業会計審議会から1998年10月30日に公表された「税効果会計に係る会計基準」では，税効果会計の目的を次のように説明しています。

> 税効果会計は，企業会計上の資産又は負債の額と課税所得計算上の資産又は負債の額に相違がある場合において，法人税その他利益に関連する金額を課税標準とする税金（以下「法人税等」という。）の額を適切に期間配分することにより，法人税等を控除する前の当期純利益と法人税等を合理的に対応させることを目的とする手続である。

（「税効果会計に係る会計基準」第一）

第３節◆差異の種類

企業会計と課税所得計算の間で生じる差異には，次のような２つの種類があります。

① **永久差異**（permanent difference）……企業会計と課税所得計算の間で恒久的に解消しない差異

（例）他企業の株式を保有する企業が受け取る配当金は，企業会計上では営業外収益項目として処理されますが，法人税法上では二重課税を避けるために益金不算入項目とされます。

交際費は，企業会計上は通常販売費及び一般管理費に含められますが，現行法人税法上では資本金１億円超の法人については交際費（接待飲食費の50％相当額を除く。）の全額を損金不算入としています。

② **一時差異**（temporary difference）……収益・費用と益金・損金をどの期間に計上するかという認識のタイミングのずれにより生じるもので，一定期間内にそうしたずれは解消することが見込まれる差異

（例）企業会計上費用として処理した不良債権償却額の全部または一部が課税所得計算上では損金として認められず，将来，回収不能が確定した段階で損金算入が認められる場合です。

企業会計上では将来の退職給付に備える引当金を従業員の在職中の各期に按分して費用として計上しますが，法人税法上では退職給付引当金の損金算入が認められず，企業会計と課税所得計算の間に多額の差異が発生します。しかし，将来，各従業員が退職し，一時金や年金の給付を受ける時点では，課税所得計算上支給額が損金扱いされます。

税効果会計の対象となるのは，後者の一時差異です。

＜一時差異の意義＞「税効果会計に係る会計基準」（第二・一・２）

> 一時差異とは，貸借対照表及び連結貸借対照表に計上されている資産及び負債の金額と課税所得計算上の資産及び負債の金額との差額をいう。

＜一時差異の発生原因＞「税効果会計に係る会計基準」（第二・一・２）および「税効果会計に係る会計基準の適用指針」第75項

> 一時差異は，例えば，次のような場合に生ずる。
> (1) 財務諸表上の一時差異
> ① 収益又は費用の帰属年度が税務上の益金又は損金の算入時期と相違する場合

②　資産又は負債の評価替えにより生じた評価差額等が直接純資産の部に計上され，かつ，課税所得計算に含まれていない場合

(2)　連結財務諸表固有の一時差異

①　資本連結に際し，子会社の資産及び負債の時価評価により評価差額が生じた場合

②　連結会社相互間の取引から生ずる未実現利益を消去した場合

③　連結会社相互間の債権と債務の相殺消去により貸倒引当金を減額修正した場合

第4節◆一時差異の分類

一時差異は，差異が解消する期間の課税所得に対していかなる効果を有するかにより，将来減算一時差異と将来加算一時差異に分類されます。

- 将来減算一時差異 …… 一時差異の解消する期間の課税所得を減額し，税金支払額を減少させる効果を有する一時差異
- 将来加算一時差異 …… 一時差異の解消する期間の課税所得を増額し，税金支払額を増加させる効果を有する一時差異

たとえば，企業会計上で不良債権を税務上の損金算入限度額を超えて償却した場合，後日，対象債権の貸倒れが確定した時点で，課税所得計算上で損金算入が認められ，その分だけ課税所得が減少して納税に伴うキャッシュ・アウトフローの節約が見込まれます。このように一時差異が解消する期間で課税所得を減少させ，正味のキャッシュ・フローを増加させる効果をもつ差異を「将来減算一時差異」と呼び，貸借対照表上では「繰延税金資産」として投資その他の資産に計上します。

将来減算一時差異の具体的な例としては，各種引当金の損金算入限度超過額，減価償却費の損金算入限度超過額，損金不算入の棚卸資産等に係る評価損等，

連結会計上消去された未実現利益などが挙げられます。

なお，わが国の法人税務では，ある期に発生した欠損金を将来の一定期間（2008年４月以後に開始する事業年度において生じた欠損金は９年間，2019年４月以後に開始する事業年度において生じる欠損金は10年間）に繰り越し，次期以降の課税所得と相殺する「欠損金の繰越控除制度」が採用されています。そのため，税務上の繰越欠損金も将来の課税所得を減額して正味のキャッシュ・フローを増加させる効果が期待されることから，企業会計上では将来減算一時差異と同様に取り扱うことになります。

他方，差異が解消する時点で課税所得を増額させる効果をもつ差異は，「将来加算一時差異」と呼ばれ，将来のキャッシュ・アウトフローを増加させることから，貸借対照表上では「繰延税金負債」として固定負債に計上されます。将来加算一時差異が発生する場合の典型的な例としては，利益処分方式による圧縮積立金や特別償却積立金等の諸準備金，連結子会社の未分配利益，その他有価証券の未実現利益などが挙げられます。

＜繰越欠損金等＞「税効果会計に係る会計基準」（第二・一・４）

> 将来の課税所得と相殺可能な繰越欠損金等については，一時差異と同様に取り扱うものとする（以下一時差異及び繰越欠損金等を総称して「一時差異等」という。）

次期以降の課税所得と相殺されうる繰越欠損金は，将来の税金支払額を減少させる効果をもつので，一時差異と同様に取り扱うことになります。また，繰越欠損金等の等には，たとえば，繰越外国税額控除が該当します。

第５節◆繰延税金資産および繰延税金負債

一時差異等に係る税効果は，貸借対照表上は繰延税金資産または繰延税金負債として表示されます。繰延税金資産または繰延税金負債の金額は，一時差異等に税率を乗じて計算されます。この計算に適用される税率には，次のような

２つの考え方があります。

(1)	**現行税率** ……	一時差異が発生した年度における税引前当期純利益と法人税等を対応させるべきとする考え方に基づく。
(2)	**予測税率** ……	一時差異が解消する年度における税引前当期純利益と法人税等を対応させるべきという考え方に基づく。

<繰延税金資産・繰延税金負債の金額>「税効果会計に係る会計基準」（第二・二・2）

> 繰延税金資産又は繰延税金負債の金額は，回収又は支払が行われると見込まれる期の税率に基づいて計算するものとする。

「税効果会計に係る会計基準」では，予測税率が採用されています。その結果，繰延税金資産の金額は差異解消期間において税金支払いを減少させる金額あるいは還付される金額を示し，繰延税金負債の金額は差異解消期間において税金支払いを増加させる金額を示すことになります。

予測税率は，あらかじめ税率の変更が明らかである場合を除いて，正確に見積もることができないでしょう。そこで，実務上は，現在の税率が継続すると仮定することがもっとも合理的な予測であるとして，現在の税率をもって予測税率とします。税率の変更があった場合には，過年度に計上された繰延税金資産および繰延税金負債の金額を新たな税率に基づいて再計算することになります。

<設例10-２>　税効果会計の仕組み

税引前当期純利益（不良債権償却後）は，X1年度，X2年度ともに3,000万円でした。X1年度に税法上の損金算入限度額を超えて1,000万円の貸倒引当損を計上しました。X2年度に実際に貸倒れが生じ，さきの1,000万円は税務上で損金として認められました。税率はX1年度，X2年度とも30％でした。

＜解説＞

X1年度の課税所得金額は，3,000万円に税務上損金と認められなかった貸倒引当損1,000万円を加えた4,000万円です。税率が30％であることから，納税額は1,200万円（＝4,000万円×30％）となります。

X2年度の課税所得金額は，3,000万円から当年度損金として認められた1,000万円を控除した2,000万円となります。納税額は600万円（＝2,000万円×30％）となります。

図表10－2　税効果会計の適否が税引後損益に及ぼす影響

	税効果会計を適用しない場合		税効果会計を適用する場合		有税償却をしなかった場合
	X1年度	X2年度	X1年度	X2年度	X1年度
税引前利益	3,000	3,000	3,000	3,000	4,000
貸倒引当損	1,000		1,000		
損金認容額		1,000		1,000	
課税所得	4,000	2,000	4,000	2,000	4,000
法人税等	1,200	600	1,200	600	1,200
法人税等調整額			△300	300	
税引後利益	1,800	2,400	2,100	2,100	2,800
税　率	40%	20%	30%	30%	30%

税率 ＝（法人税等 ± 法人税等調整額）÷ 税引前利益

税効果会計を適用していない場合には，この納税額がそのまま法人税等として計上されます。具体的には，次のような仕訳が行われます。

X1年度決算

（借）法 人 税 等　12,000,000　（貸）未払法人税等　12,000,000

X2年度決算

（借）法 人 税 等　6,000,000　（貸）未払法人税等　6,000,000

税効果会計を適用しなかった場合には，次のような歪みが生じることになります。すなわち，X1年度もX2年度も企業会計上の税引前当期純利益は同じであるのに，税率が乖離し，どちらの年度も実効税率の30%とは食い違うという点です。これは，税引前当期純利益と法人税等が適切に対応していないことを意味します。

こうした歪みを解消するために考案されたのが税効果会計です。税効果会計を適用した場合には，税務上の納税額をそのまま企業会計上の法人税等とみなすのではなく，企業会計上の税引前利益に対するあるべき法人税等の額を算出し，それを上回る金額は次年度以降に支払うべき法人税等の前払い（下回る場合には法人税等の繰り延べ）とみなすのです。

設例に従えば，X1年度決算では税引前利益3,000万円の30%にあたる900万円を企業会計上で計上すべき法人税等と考え，それを上回る300万円（=1,200万円－900万円）を法人税等の前払い分と考えることができます。法人税等の前払いと想定した部分は，将来の税金支払いを減少させることから，繰延税金資産として貸借対照表に資産計上します。損益計算書では，法人税等調整額として法人税等から差し引きます。具体的には次の仕訳が行われます。

X1年度決算

（借）	法人税等	12,000,000	（貸）	未払法人税等	12,000,000
	繰延税金資産	3,000,000		法人税等調整額	3,000,000

X2年度決算

（借）	法人税等	6,000,000	（貸）	未払法人税等	6,000,000
	法人税等調整額	3,000,000		繰延税金資産	3,000,000

税効果会計を適用した場合には，**図表10-2**にみられるように，法人税等に法人税等調整額を加減した金額が両年度ともに900万円で税引前当期純利益に対応しており，税率も30%です。

反対に，税務上の納税額が企業会計上の税引前利益に対するあるべき法人税等の額を下回る場合には，その額を法人税の繰り延べとみなし，将来の税金支払いを増加させることから，貸借対照表に繰延税金負債として計上するとともに，損益計算書では法人税等調整額として法人税等に加えられます。

＜繰延税金資産・繰延税金負債の表示＞

繰延税金資産は，将来の法人税等の納付額を減額する効果を有し，法人税等の前払いに該当することから，資産性が認められます。繰延税金資産は，貸借対照表上，投資その他の資産の区分に表示します。

他方，繰延税金負債は，将来の法人税等の納付額を増額する効果を有し，法人税等の未払いに該当することから，負債性が認められます。繰延税金負債は，貸借対照表上，固定負債の区分に表示されます。

なお，同一納税主体の繰延税金資産と繰延税金負債は，それぞれ相殺していずれか残高のある方に表示します。異なる納税主体の繰延税金資産と繰延税金負債は，双方を相殺せずに表示します。

第６節◆繰延税金資産の回収可能性

繰延税金資産または繰延税金負債として計上される金額は，将来一時差異が解消する期間の税金支払額に影響する合理的に見積もられる範囲内に限られます。すなわち，繰延税金資産については回収可能性のあるものだけが計上され，繰延税金負債については支払可能性のあるものだけが計上されます。

わが国では，繰延税金資産は配当規制の対象になっていないので，安易に繰延税金資産を計上して，これによって生じた利益を原資に配当を実施した場合には，資金の流出を招き，経営に悪影響を及ぼすことになります。

企業会計基準適用指針第26号「繰延税金資産の回収可能性に関する適用指針」（第６項）によれば，将来減算一時差異及び税務上の繰越欠損金に係る繰延税金資産の回収可能性は，次の(1)から(3)に基づいて，将来の税金負担額を軽減する効果を有するかどうかを判断することになります。

⑴　収益力に基づく一時差異等加減算前課税所得 ⑵　タックス・プランニングに基づく一時差異等加減算前課税所得 ⑶　将来加算一時差異

なお,「一時差異等加減算前課税所得」とは，将来の事業年度における課税所得の見積額から，当該事業年度において解消することが見込まれる当期末に存在する将来加算（減算）一時差異の額（及び該当する場合は，当該事業年度において控除することが見込まれる当期末に存在する税務上の繰越欠損金の額）を除いた額をいいます（第３項⑼）。

⑴については，将来減算一時差異の解消見込年度および繰越欠損金の繰越期間に，一時差異等加減算前課税所得が生じる可能性が高いと見込まれるかどうかを判断することになりますが，それらの判断には，過去の業績や納税状況，将来の業績予測等を総合的に勘案し，将来の一時差異等加減算前課税所得を合理的に見積る必要があります。

⑵については，将来減算一時差異の解消見込年度および繰越欠損金の繰越期間に，含み益のある固定資産または有価証券を売却するなどのタックス・プランニングに基づく一時差異等加減算前課税所得が生じる可能性が高いと見込まれるかどうか判断します。

⑶については，将来減算一時差異の解消見込年度および繰越欠損金の繰越期間に，将来加算一時差異が解消されると見込まれるかどうかを判断します。

財務諸表の注記には,「繰延税金資産・負債の発生原因別の主な内訳」が示されています。この注記により，繰延税金資産や繰延税金負債がどのような原因で発生しているのかを知ることができます。また,「評価性引当額」を手掛かりに,繰延税金資産の回収可能性がどの程度と見積もられているのかがわかります。

考えてみよう・調べてみよう

⑴　会計上の利益と税務上の課税所得の関係について説明しなさい。

⑵　一時差異の種類について例を挙げて説明しなさい。

⑶　税効果会計については，繰延法と資産負債法という２つの考え方があります。両者の相違について調べてみましょう。

⑷　業績不振の企業を探し出し，繰延税金資産の回収可能性がどの程度あると見積もられているか調べてみましょう。

外貨換算会計

ドルなどの外貨建の取引から生じた項目や海外の子会社などで作成された外貨で表示された財務諸表項目を，どのような為替相場（為替レート）で円に換算するのか，換算によって生じた差額をどのように処理するのかといった問題を学びます。

第1節◆外貨換算会計の意義

1ドル＝360円の固定相場制が，1971年のニクソン・ショックで崩壊し，1973年には変動相場制に移行しました。さらに，1985年のプラザ合意を契機に急激な円高が進み，為替相場の変動が日本企業の業績に大きな影響を及ぼすようになりました。

企業が輸出入取引や海外で資金調達を行ったり，在外支店や在外子会社を通じて事業活動を行っている場合には，これらの取引から生じた外貨建金銭債権債務などの項目や在外事業体の外貨表示財務諸表項目を，どのような為替相場（為替レート）で円貨に換算するのか，換算差額をどのように処理するのかという問題が生じます。外貨換算会計は，こうした問題を取り扱います。

- 外貨建取引の会計処理
- 外貨表示財務諸表の換算
  - 在外支店の外貨表示財務諸表の換算
  - 在外子会社の外貨表示財務諸表の換算

外貨換算に関する会計基準としては，1999年10月22日に改訂された「外貨建取引等会計処理基準」があります。この「外貨建取引等会計処理基準」の改訂は，1999年１月22日に公表された「金融商品に係る会計基準」との整合性等を考慮して行われたものです。「金融商品に係る会計基準」では，一定の金融商品について時価評価が導入され，ヘッジ会計の基準が整備され，その他有価証券の評価差額を損益計算書を経由せずに資本の部（現在は純資産の部）に直接計上する考え方が導入されるなど，従来の枠組みと大きく異なる考え方への転換がはかられました。そこで，「外貨建取引等会計処理基準」も「金融商品に係る会計基準」によって新たに導入された考え方との整合性を考慮して改訂が行われました。

なお，「金融商品に係る会計基準」は2006年に一部改訂され，「金融商品に関する会計基準」となりました。

第２節◆換算方法

外貨で表示された項目をどのような為替相場を適用して円貨に換算すべきかについては，次のような方法があります。

1　流動・非流動法（current-noncurrent method）

この方法は，流動資産や流動負債のような流動項目には決算時の為替相場（closing rate：CR）を適用し，固定資産や固定負債のような非流動項目には取得時または発生時の為替相場（historical rate：HR）を適用して換算する方法です。

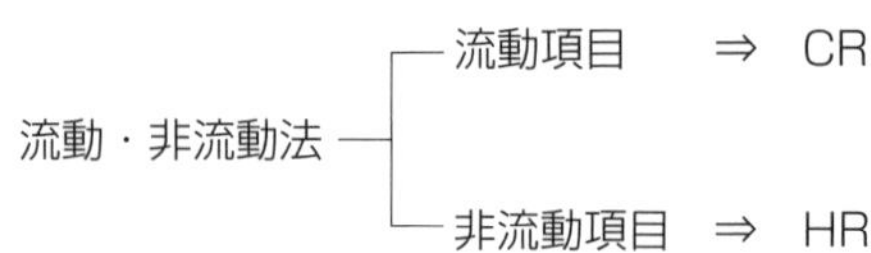

流動項目は決算日後早期に決済されるから，決算日における換算差額もほぼ

確実に実現するであろうが，決済されるまでに長期を要する固定項目については，その後の為替相場が大きく変動する可能性もあるため，決算日ごとにわざわざ換算替えする必要はないというのが，この方法の基礎にある考え方です。

2　貨幣・非貨幣法（monetary-nonmonetary method）

この方法は，金銭債権債務のような貨幣項目にはCRを適用し，棚卸資産や固定資産のような非貨幣項目にはHRを適用して換算する方法です。貨幣項目は回収また弁済すべき現在の貨幣額で測定されるために換算においても決算時のレートで換算し，非貨幣項目は取得時の支出額で測定されるために取得時のレートのままとするというのが，この方法の根拠となっています。

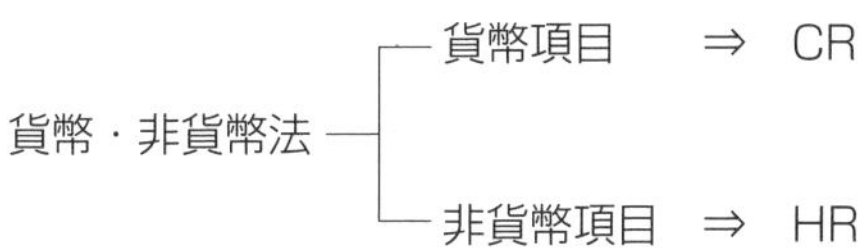

かつての「外貨建取引等会計処理基準」は，外貨建取引等について貨幣・非貨幣法を基本としつつ，流動・非流動法を加味するという方法を採っていました。すなわち，金銭債権債務を短期と長期に区分し，短期にはCR，長期にはHRという方法を採ってきましたが，現在では貨幣項目については短期・長期ともCRという貨幣・非貨幣法を採用しています。

3　テンポラル法（temporal method）

この方法は，外貨での測定値の属性を保持するように換算する方法で，属性法とも呼ばれます。この方法では，外貨ベースで原価が付されている項目にはHRが適用され，時価が付されている項目にはCRが適用されることになります。たとえば，貨幣項目は将来の入出金額を示していますのでCR，取得原価に基づいて計上されている固定資産はHRで換算することになります。

テンポラル法 ─┬─ 原価が付されている項目 ⇒ HR
　　　　　　　└─ 時価が付されている項目 ⇒ CR

この方法は，外貨による測定値の属性を換算によって歪めてはならないとする考え方に基づいています。在外支店の外貨表示財務諸表の原則的換算方法は，テンポラル法によることとされています。

4　決算日レート法（closing rate method）

この方法は，すべての資産・負債項目をCRで換算する方法です。これは単なる簡便法ではなく，外貨表示財務諸表の各項目間の関係や比率等をそのまま保持しようとするものです。この方法は，在外子会社の外貨表示財務諸表の換算に用いられています。

決算日レート法 ── すべての資産・負債項目 ⇒ CR

第３節◆外貨建取引

1　外貨建取引の範囲

外貨建取引の範囲については，「外貨建取引等会計処理基準」注解注１において，「外貨建取引とは，売買価額その他取引価額が外国通貨で表示されている取引をいう。」とされており，次のような取引が例示されています。

㈠　取引価額が外国通貨で表示されている物品の売買又は役務の授受 ㈡　決済金額が外国通貨で表示されている資金の借入又は貸付 ㈢　券面額が外国通貨で表示されている社債の発行 ㈣　外国通貨による前渡金，仮払金の支払又は前受金，仮受金の受入 ㈤　決済金額が外国通貨で表示されているデリバティブ取引等

さらに，注解注１のなお書きにおいて，「なお，国内の製造業者等が商社等を通じて輸出入取引を行う場合であっても，当該輸出入取引によって商社等に生ずる為替差損益を製造業者等が負担する等のため実質的に取引価額が外国通貨で表示されている取引と同等とみなされるものは，外貨建取引に該当する。」こととされ，いわゆるメーカーズ・リスクの特約のある取引も外貨建取引に含まれます。

すなわち，本来，円貨建てで決済されるものは外貨建取引ではありませんが，製造業者が商社を経由して輸出入する場合に時々みられる契約で，形式的には円貨建ての取引であっても商社に生じる為替差損益を製造業者が負担することになっているような契約は，実質的に外貨建取引とみなされます。

2　取引発生時の処理

外貨建取引は，原則として，取引発生時の為替相場による円換算額をもって記録します（外貨建取引等会計処理基準一・１）。換算に使用される取引発生時の為替相場については，取引が発生した日における直物（じきもの）為替相場または合理的な基礎に基づいて算定された平均相場によるとされています（「外貨建取引等会計処理基準」注解注２）。注解注２では，平均相場の例として，取引の行われた月または週の前月または前週の直物為替相場を平均したものや，取引の行われた月もしくは週の前月もしくは前週の末日または当月もしくは当週の初日の直物為替相場が挙げられています。

図表11-1　取引発生時の為替相場として認められるもの

3　外国通貨による記録

外貨建取引に係る取引時の円換算については，当該取引発生時の為替相場により円換算するのが原則ですが，為替取引が一層自由化されたことなどの経済環境の変化を踏まえて，恒常的に外国通貨を円貨に転換せずに決済に充てることとしているなど合理的と認められる場合には，外貨建取引を外国通貨で記録し，一定期間ごとに円換算する方法，いわゆる多通貨会計も採用できます。

「外貨建取引等会計処理基準」注解注３では，多通貨会計について次のように説明されています。

> 外貨建債権債務及び外国通貨の保有状況並びに決済方法等から，外貨建取引について当該取引発生時の外国通貨により記録することが合理的であると認められる場合には，取引発生時の外国通貨の額をもって記録する方法を採用することができる。この場合には，外国通貨の額をもって記録された外貨建取引は，各月末等一定の時点において，当該時点の直物為替相場又は合理的な基礎に基づいて算定された一定期間の平均相場による円換算額を付するものとする。

第４節◆外貨建金銭債権債務

１　決算時の換算方法

外貨建金銭債権債務については，為替相場の変動リスクを負っていることを重視して，決算時の為替相場により円換算し，換算差額は原則として当期の損益として処理します。

なお，外貨建金銭債権債務の定義については，「外貨建取引等会計処理基準」注解注４において，「外貨建金銭債権債務とは，契約上の債権額又は債務額が外国通貨で表示されている金銭債権債務をいう。」とされています。

また，決算時の為替相場については，「外貨建取引等会計処理基準」注解注８において，「決算時の直物為替相場としては，決算日の直物為替相場のほか，決算日の前後一定期間の直物為替相場に基づいて算出された平均相場を用いることができる。」とされています。これは，決算日の為替相場の動きに異常性が認められる場合には，むしろ平均相場のほうがより適切であろうということが考慮されたものです。

図表11-2　決算時の直物為替相場として認められるもの

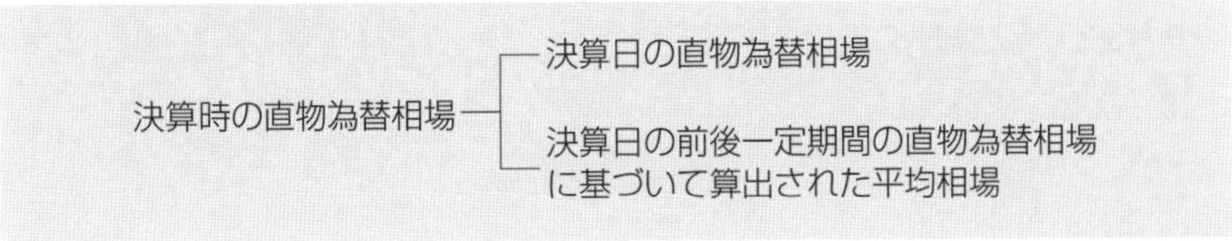

決算時の直物為替相場
- 決算日の直物為替相場
- 決算日の前後一定期間の直物為替相場に基づいて算出された平均相場

さらに，「外貨建取引等会計処理基準」注解注９において，外貨建金銭債権債務に償却原価法を適用する場合における償却額は，外国通貨による償却額を期中平均相場により円換算した額によることが明らかにされています。これは，償却額は期中に徐々に発生するものとみなされることから，期中平均相場を用いて換算することとされています。

2　換算差額の処理および決済に伴う損益の処理

外貨建取引の発生日からその代金の決済日に至るまでの間の為替相場の変動による為替差異，すなわち為替換算差額および為替決済損益の処理については，一取引基準と二取引基準という２つの異なる考え方があります。

一取引基準とは，外貨建取引とその取引にかかわる代金決済取引を連続した１つの取引とみなして会計処理を行う方法です。すなわち，一取引基準では，その代金決済が行われるまでは取引それ自体の最終的な金額は確定しないため，取引日の換算は仮の換算額にすぎず，その後の為替差異は損益としては処理されず，取引換算額の修正として処理されます。

これに対して，**二取引基準**とは，外貨建取引とそれにかかわる代金決済取引を別個の独立した取引とみて，すなわち２つの取引からなるとみて会計処理を行う方法です。したがって，二取引基準では，取引日の換算において外貨建取引の測定は完了しており，その後の為替差異は取引額の修正ではなく，決済に伴う財務的損益である為替差損益として認識されます。

＜設例11-１＞　一取引基準と二取引基準

９月１日	取引日	売上　1,000ドル	直物為替相場	１ドル＝105円
９月30日	決算日		〃	１ドル＝100円
12月１日	決済日		〃	１ドル＝103円

（一取引基準）

9/1	（借）売掛金	105,000	（貸）売上	105,000
9/30	（借）売上	5,000	（貸）売掛金	5,000
12/1	（借）現金預金	103,000	（貸）売掛金	100,000
			売上	3,000

（二取引基準）

9/1（一取引基準と同じ）

9/30	（借）為替差損	5,000	（貸）売掛金	5,000

12/1（借）	現金預金	103,000	（貸）売掛金	100,000
			為替差益	3,000

「外貨建取引等会計処理基準」は，二取引基準を採用して，決算時および決済時の為替差異を為替差損益として処理することとしています。その理由としては，一取引基準を適用すると，決済が行われるまで売上高などの金額が確定できないことから，実務上の便宜性を考慮したものと解されています。

しかし，両者の関係は，このような実務上の相違だけではなく，実際に受払いされた金額によって取引額を決定するといういわゆる**支払対価主義**の考え方と，取引時点での公正価値ないし時価によって取引額を決定するといういわゆる**公正価値主義**の考え方との理論的な対立ともみられます。すなわち，一取引基準は実際に円貨で支払った金額で取引を記録しようとする支払対価主義と結びつき，二取引基準は取引時点の公正価値で測定しようとする公正価値主義に基づいています。

第5節◆外貨建有価証券

1　決算時の換算方法

「外貨建取引等会計処理基準」は，「金融商品会計基準」における有価証券の分類に基づいて換算方法を**図表11-3**のように定めています。

図表11-3　外貨建有価証券の換算基準

満期保有目的債券	決算時レート
売買目的有価証券	決算時レート
その他有価証券	決算時レート
子会社株式等	取得時レート
減損処理	決算時レート

すなわち，満期保有目的の外貨建債券については，金銭債権との類似性を考慮して，決算時の為替相場により換算します。

「金融商品会計基準」において時価評価を行うこととされている売買目的有価証券やその他有価証券に属する外貨建有価証券については，その円貨額による時価評価額を求める過程としての換算であることから，外国通貨による時価を決算時の為替相場により円換算します。

なお，子会社株式および関連会社株式については，取得時の為替相場により円換算します。

また，減損処理が適用される場合には，外国通貨による時価または実質価額を決算時の為替相場により円換算します。

2　換算差額の処理

決算時における換算によって生じた換算差額は，原則として，当期の為替差損益として処理します（「外貨建取引等会計処理基準」一・２・(2)）。

外貨建有価証券の換算差額については，**図表11-4**のように定められています。

図表11-4　換算差額の処理

	原　　則	例　　外
満期保有目的債券	当期の為替差損益	円転せず再投資目的の場合には繰延可能
売買目的有価証券	当期の評価損益	
その他有価証券	税効果適用のうえ純資産の部（評価益は純資産の部に評価損は当期の損失も可）	外貨による時価に係る換算差額は評価差額として，それ以外の換算差額は当期の為替差損益とすることも可
減損処理	当期の評価損	

満期保有目的の外貨建債券については，金銭債権と同様に，為替相場の変動リスクを負っていることから，その換算差額は当期の損益として処理されます。

ただし，「外貨建取引等会計処理基準」の前文（二・１・⑵）において，「なお，満期償還外貨を円転せずに固定資産等に再投資する目的で債券を保有している場合は，その換算差額を繰り延べて再投資する資産の取得価額の調整に充てることができる。」とされています。これは予定取引に対するヘッジについて特別処理を認めたものと解されます。

「金融商品会計基準」において時価評価される有価証券の評価差額に含まれる換算差額については，「金融商品会計基準」に基づいて処理されます。すなわち，売買目的有価証券の評価差額に含まれる換算差額は当期の損益として処理され，その他有価証券の評価差額に含まれる換算差額は税効果会計を適用した上で純資産の部に計上されます。

ただし，評価差額には外国通貨による時価の変動を決算時の為替相場で換算したことにより生じる差額と外国通貨による取得原価を決算時の為替相場で換算したことにより生じる差額があります。そのため，その他有価証券に属する債券については，金銭債権債務との整合性の観点から，価格変動リスクと為替変動リスクを分解して取り扱い，外国通貨による取得原価に係る換算差額は当期の損益に計上するという考え方もあることから，「外貨建取引等会計処理基準」注解注10において，「その他有価証券に属する債券については，外国通貨による時価を決算時の為替相場で換算した金額のうち，外国通貨による時価の変動に係る換算差額を評価差額とし，それ以外の換算差額については為替差損益として処理することができる。」とされています。

この場合の評価差額と換算差額の分解は以下の**設例11-２**に示されるとおりです。

＜設例11-２＞　評価差額と換算差額の分解

外貨による取得原価が10ドル，取得時の為替相場が１ドル＝100円，決算時の外貨による時価は12ドル，決算時の為替相場は１ドル＝110円であったと仮定しましょう。評価差額と換算差額は次のように分解されます。

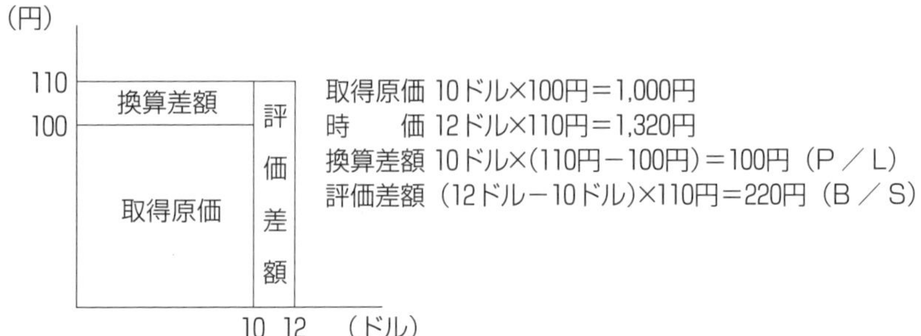

（注）取得原価に係る換算差額は為替差損益として損益計算書に，評価差額は純資産の部に計上しますが，翌期首に評価差額の部分だけ洗い替えをします。翌期の帳簿価額は1,100円（10ドル×110円）となります。

さらに，有価証券の時価の著しい下落または実質価額の著しい低下により，決算時の為替相場による換算を行ったことによって生じた換算差額は，当期の有価証券の評価損として処理されます。

第6節◆デリバティブ

1　換算方法

外貨建のデリバティブ取引の時価評価においては，外国通貨による時価を決算時の為替相場により円換算し，時価評価による評価差額に含まれる換算差額については，原則として，当期の損益として処理されます。

2　ヘッジ会計

外貨建取引や外貨建金銭債権債務と為替予約等との関係が「ヘッジ会計の要件」を充たしている場合には，ヘッジ会計を適用することができます。

ここでいうところの為替予約等には，「外貨建取引等会計処理基準」注解注5において，通貨先物，通貨スワップおよび通貨オプションが含まれることが明らかにされています。これらデリバティブがヘッジ会計の要件を充たしている場合には，「金融商品会計基準」に基づきヘッジ会計を適用することができます。

「金融商品会計基準」が原則とするヘッジ会計の方法は繰延ヘッジの方法ですので，デリバティブがヘッジ会計の要件を充たしている場合には，デリバティブの評価差額はヘッジ対象の損益が認識される期まで貸借対照表の純資産の部に繰り延べられることになります。

さらに，「外貨建取引等会計処理基準」注解注６において，ヘッジ会計を適用する場合には，繰延ヘッジ会計によるほか，当分の間，為替予約等により確定する決済時における円貨額により外貨建取引および外貨建金銭債権債務等を換算し直物為替相場との差額を期間配分する方法，いわゆる「振当(ふりあて)処理」によることもできるとされています。

３　為替予約等の振当処理

振当処理とは，為替予約等により固定されたキャッシュ・フローの円貨額により外貨建金銭債権債務等を換算し，直物為替相場による換算額との差額を，為替予約等の契約締結日から外貨建金銭債権債務等の決済日までの期間にわたり配分する方法です。

すなわち，振当処理は，ヘッジ手段の為替予約等とヘッジ対象の外貨建取引・外貨建金銭債権債務等を一体のものとみて，あたかも円建取引・円建金銭債権債務等であるかのように会計処理する方法です。固定されている決済時の円貨額を外貨建取引に付すという処理方法は，一取引基準に相通じる考え方ともいえます。

「外貨建取引等会計処理基準」注解注７では，振当処理について次のように説明されています。

> 外貨建金銭債権債務等に係る為替予約等の振当処理（当該為替予約等が物品の売買又は役務の授受に係る外貨建金銭債権債務に対して，取引発生時以前に締結されたものである場合を除く。）においては，当該金銭債権債務等の取得時又は発生時の為替相場（決算時の為替相場を付した場合には当該決算時の為替相場）による円換算額と為替予約等による円貨額との差額のうち，予約等の締結時までに生じている為替相場の変動による額は予約日の属する期の損益として処理し，残額は予約日の属する期から決済日の属する期までの期間にわたって合理的な方法により配分し，各期の損益として処理する。ただし，当該残額について重要性が乏しい場合には，当該残額を予約日の属する期の損益として処理することができる。
>
> 取得時又は発生時の為替相場による円換算額と為替予約等による円貨額との差額のうち次期以降に配分される額は，貸借対照表上，資産の部又は負債の部に記載する。

＜振当処理の対象となる外貨建金銭債権債務等＞

振当処理の対象となる外貨建金銭債権債務等は，為替予約等が振当処理されることにより将来のキャッシュ・フローが固定されるものに限られます。具体的には，外貨建金銭債権債務や外貨建満期保有目的債券については振当処理が認められますが，外貨建満期保有目的債券以外の外貨建有価証券については振当処理は認められません（「外貨建会計実務指針」５項）。

＜振当処理が認められる通貨スワップおよび通貨オプション＞

通貨スワップおよび通貨オプションは，ヘッジ会計の要件を充たす場合には振当処理を採用することができますが，相対（あいたい）取引で契約条件を契約当事者の合意により調整できる特徴を有しているため，次のような条件を充たすことが必要です。

通貨スワップについては，通貨スワップ契約時における支払円貨額または受取円貨額と通貨スワップ契約満了時における受取円貨額または支払円貨額が同額である**直先フラット型**および通貨スワップ契約により当該契約期間満了日に支払うべき円貨額または受け取るべき円貨額が，当該外貨建金銭債権債務の支払日または受取日を期日とする為替予約による円貨額と同等と認められる**為替予約型**についてのみ振当処理が認められます。

通貨オプションについては，外貨建金銭債権債務にヘッジ手段として指定された買建の通貨オプションで，契約締結時において権利行使が確実に行われると認められるものについてのみ振当処理が認められます（「外貨建会計実務指針」6項）。

＜直々差額と直先差額＞

外貨建金銭債権債務等の取得時または発生時の円貨額と為替予約等による円貨額の差額については，予約時までの為替相場の変動（直々差額）についてはすでに実現しているので予約日の属する期の損益として処理し，残額（直先差額）については予約日の属する期から決済日の属するまでの期間にわたって合理的な方法により配分し，各期の損益として処理します。

＜設例11-3＞　直々差額と直先差額

外貨建取引が行われ，外貨建金銭債権債務が生じた日（2/1）の直物為替相場が（1ドル＝105円），為替予約が締結された日（3/1）の直物為替相場が（1ドル＝103円），先物為替相場が（1ドル＝100円），決算日が3/31，決済日が5/31と仮定しましょう。

	外貨建取引日 （2/1）		為替予約締結日 （3/1）	決算日 （3/31）	決済日 （5/31）
直物相場	105円	← 直々差額 →	103円		
			↕ 直先差額		
先物相場			100円		

取引日と予約日の直物為替相場の差額である直々差額は，(105－103＝２) と計算され，予約日の属する期の損益として処理されます。予約日の直物為替相場と先物為替相場の差額である直先差額は，(103－100＝３) と計算され，たとえば，これを月割で配分するとすれば，決算日（３/31）までの期に１，４/１以降の期に２となります。

<設例11-４>　為替予約の振当処理

F社は，１/31に行った資材100万ドルの輸入代金の決済に関して，円安による決済金額の増加を懸念して，２/28にこの外貨建金銭債務をヘッジするため，４/30を決済期日とするドル買いの為替予約を100万ドル行い，為替予約レートは１ドル＝107円でした。直物為替相場の推移は次のとおりです。

取引実行日(１/31) １ドル＝104円　為替予約締結日(２/28) １ドル＝105円
決算日(３/31)　　１ドル＝106円　為替予約決済日(４/30) １ドル＝109円

<取引実行日（１/31）の仕訳>

(借)	原材料	104,000,000	(貸)	買掛金	104,000,000

<為替予約締結日（２/28）の仕訳>

(借)	為替差損	1,000,000	(貸)	買掛金	1,000,000
	前払費用	2,000,000		買掛金	2,000,000

(注)　取引実行日から為替予約の契約締結日までに生じている為替相場の変動による直々差額1,000,000円（＝(105円－104円)×100万ドル）は，買掛金の換算差額として為替予約の契約締結日が属する期の損益として処理しますが，為替予約締結日の直物相場と先物相場との差額である直先差額2,000,000円（＝(107円－105円)×100万ドル）は，為替予約の契約締結日が属する期から決済日が属する期までの期間にわたり合理的に配分します。

＜決算日（3/31）の仕訳＞

（借）	為替差損	1,000,000	（貸）	前払費用	1,000,000

（注）直先差額2,000,000円のうち，決算日までに経過した1ヵ月分を当期に配分します。為替予約締結日から決済予定日までが2ヵ月なので，2,000,000円のうちの2分の1が当期の為替差損となります。

＜為替予約決済日（4/30）の仕訳＞

（借）	為替差損	1,000,000	（貸）	前払費用	1,000,000
	買掛金	107,000,000		現金預金	107,000,000

（注）残りの1,000,000円の前払費用が決済日に為替差損に振り替えられます。買掛金100万ドルは予約レートの1ドル＝107円で決済されます。

第7節◆在外支店の財務諸表項目の換算

1　原則的処理

在外支店の財務諸表項目の換算については，原則として，本店と同様の方法によります。したがって，「外貨建取引等会計処理基準」に示されている本店における外貨建項目（金銭債権，有価証券，デリバティブなど）の換算基準が在外支店の財務諸表項目にも適用されることになります。「外貨建取引等会計処理基準」に明示されていないその他の項目については，テンポラル法により測定属性に従って処理されます。たとえば，固定資産のような取得原価に基づいて測定されている項目は，取得時の為替相場によって換算されます。なお，注解注11において，「在外支店において外国通貨で表示されているたな卸資産について低価基準を適用する場合又は時価の著しい下落により評価額の引下げが求められる場合には，外国通貨による時価又は実質価額を決算時の為替相場により円換算した額による。」ことが明らかにされています。

2 特　　例

外国通貨で表示されている在外支店の財務諸表項目に基づき本支店合併財務諸表を作成する場合には，在外支店の財務諸表項目について次のような特例によることもできます。

まず，収益および費用（収益性負債の収益化額および費用性資産の費用化額を除く。）の換算については，本店と同じく取引発生時の為替相場により換算することのほかに，期中平均相場により円換算することができます。なお，注解注12において，「収益及び費用の換算に用いる期中平均相場には，当該収益及び費用が帰属する月又は半期等を算定期間とする平均相場を用いることができる。」とされています。

また，貸借対照表項目の換算については，本店と同じく取得時の為替相場により換算することのほかに，棚卸資産および有形固定資産などの非貨幣性資産の額に重要性がない場合には，すべての貸借対照表項目について決算時の為替相場により円換算することができます。なお，この場合には，損益項目は本店と同様の方法（すなわち，取引発生時の為替相場）または期中平均相場により円換算することを基本としつつ，決算時の為替相場によることも妨げないこととされています。

以上をまとめると，**図表11-5**および**図表11-6**のようになります。

図表11-5　在外支店の財務諸表項目の換算

	原　　則	特　　例
貸借対照表項目	本店と同様の方法	非貨幣性資産に重要性がない場合には，すべて決算時の為替相場も可
損益項目	本店と同じく取引発生時の為替相場	期中平均相場も可 貸借対照表項目すべてに決算時の為替相場を適用する場合には，損益項目も決算時の為替相場によることも妨げない

図表11-6　在外支店の財務諸表項目の換算レート

財務諸表項目	原則的処理の換算レート	特例による換算レート
金銭債権債務	CR	CR
有価証券	CR	CR
固定資産	HR	CR
収益・費用	HR	ARまたはCR

（注）CR：決算時レート，HR：取引発生時レート，AR：期中平均レート

第8節◆在外子会社等の財務諸表項目の換算

1　換算方法

本国の親会社が，在外子会社を連結範囲に含めて連結財務諸表を作成したり，在外関連会社に対して持分法を適用したりする場合，外貨表示の財務諸表項目を円貨に換算する必要があります。従来，在外子会社等の財務諸表項目の換算については，テンポラル法を一部修正した修正テンポラル法が採用されていましたが，1995年の基準改正により，決算日レート法によることとされました。

その理由は，在外子会社等の独立性が強まり，現地通貨による測定値が重視されるようになったことに加え，在外子会社等が著しく増加したため，企業の事務負担が増大し，修正テンポラル法の採用が困難になってきたためとされています。

したがって，資産および負債については，決算時の為替相場により円換算します。これに対して，親会社による株式取得時における株主資本に属する項目については株式取得時の為替相場により円換算し，取得後に生じた株主資本に属する項目については発生時の為替相場により円換算します。

また，親会社による株式取得時における評価差額に属する項目については株式取得時の為替相場により円換算し，取得後に生じた評価差額に属する項目については決算時の為替相場により円換算します。新株予約権は発生時の為替相場により円換算します。ただし，新株予約権に係る為替換算調整勘定は，新株

予約権に含めて表示しますので，当該為替換算調整勘定を新株予約権に振り替えた後の円貨表示の新株予約権は，新株予約権の外貨額を決算時の為替相場により換算した額と同じになります。非支配株主持分は決算時の為替相場で換算します。

さらに，収益および費用については，期中平均相場によることを原則としつつ，決算時の為替相場によることも妨げないこととされています。

図表11-7　在外子会社等の財務諸表項目の換算

財務諸表項目	換算レート
資産・負債	決算時レート
株式取得時の株主資本 株式取得後の株主資本	取得時レート 発生時レート
株式取得時の評価差額 株式取得後の評価差額	取得時レート 決算時レート
新株予約権 非支配株主持分	発生時レート 決算時レート
収益・費用	（原則）期中平均レート 決算時レートも可

2　換算差額の処理

決算日レート法では，資産・負債に決算時レートが適用されるのに対して，株主資本項目には取得時または発生時レートが適用されるため，換算差額が生じます。この換算差額は為替換算調整勘定で処理されます。従来，為替換算調整勘定は，貸借対照表上，資産の部または負債の部に記載することとされていましたが，現行基準では，国際的な会計基準との調和化などを重視して，為替換算調整勘定は純資産の部の「その他の包括利益累計額」に計上します。

また，子会社に対する持分への投資に係る為替相場の変動をヘッジするための取引の処理については，「外貨建取引等会計処理基準」注解注13において，「子会社に対する持分への投資をヘッジ対象としたヘッジ手段から生じた為替換算差額については，為替換算調整勘定に含めて処理する方法を採用することができる。」こととされ，ヘッジの効果を連結財務諸表に反映させることが可能です。

考えてみよう・調べてみよう

(1)　一取引基準と二取引基準を比較して，どちらが優れた方法であるか論じなさい。

(2)　外貨建金銭債権を保有する企業と外貨建金銭債務を保有する企業は，それぞれ為替相場がどのように動いた場合に為替差損を被るのでしょうか。また，為替差損の発生を回避するためには，どのような方法があるでしょうか。

(3)　為替予約の振当処理と第６章「金融資産の会計」で学んだ金利スワップの特例処理の類似点について説明しなさい。

(4)　在外子会社を多く抱える企業では，為替換算調整勘定の金額が毎期どのくらい変動しているのか，実際の連結財務諸表で確かめてみましょう。

企業結合会計

日本でも，企業の買収や合併が活発に行われるようになりました。本章では，そうした買収や合併の会計を取り上げます。パーチェス法と持分プーリング法という２つの会計処理方法，および，のれんの会計処理が中心的課題です。

第１節◆企業結合会計基準

近年，日本でも，企業の買収や合併が活発に行われるようになってきており，企業の組織再編を支援する法制の整備も進められてきました。しかし，これまで日本には，企業結合を包括的に扱う会計基準が存在しておらず，当時の商法の規定の範囲内でさまざまな会計処理が可能でありました。

そこで，企業結合の経済的実態を正しく認識できる会計処理方法を確立し，適切な投資情報を開示するために，2003年10月31日に，企業会計審議会から「企業結合に係る会計基準の設定に関する意見書」が公表されました。この「企業結合会計基準」は，３年を超える審議を経てまとめられたもので，2006年４月１日以後開始する事業年度から適用されています。その後，数次の改正が行われ，現在では，企業会計基準第21号「企業結合に関する会計基準」となっています。

これまで，企業結合会計に関しては，日本の会計基準と国際的な会計基準の間には大きな違いがありました。このため，会計基準の国際的なコンバージェンスの観点から，企業結合会計基準の改正が継続的に行われています。

第２節◆取得と持分の結合

１　基本的考え方

企業結合とは，ある企業またはある企業を構成する事業と他の企業または他の企業を構成する事業とが１つの報告単位に統合されることをいいます。「企業結合会計基準」は，企業結合に該当する取引を対象とするため，**共同支配企業**と呼ばれる企業体（いわゆるジョイント・ベンチャーないし合弁会社）を形成する取引，および，**共通支配下の取引**（たとえば，企業集団内での合併等）等も適用対象となります。

「企業結合会計基準」では，企業結合には「取得」と「持分の結合」という異なる経済的実態を有するものが存在することから，それぞれの実態に対応する適切な会計処理方法を適用する必要があるという基本的考え方に立脚しています（**図表12－１**参照）。

取得とは，ある企業が他の企業（被取得企業）または企業を構成する事業に対する支配を獲得することをいいます。

持分の結合とは，いずれの企業（または事業）の株主（または持分保有者）も他の企業（または事業）を支配したとは認められず，結合後企業のリスクや便益を引き続き相互に共有することを達成するため，それぞれの事業のすべてまたは事実上のすべてを統合して１つの報告単位となることをいいます。

取得の場合には，ある企業が他の企業の支配を獲得することになるという経済的実態を重視して，受け入れる資産および負債を時価で引き継ぐ**パーチェス法**（purchase method）により会計処理することとされています。これは，企業結合の多くは，実質的にはいずれかの結合当事企業による新規の投資と同じであり，交付する現金および株式等の投資額を取得原価として他の結合当事企業から受け入れる純資産を評価することが現行の一般的な会計処理と整合するからです。

これに対して，いずれの企業も支配を獲得したと認められない持分の結合の場合には，すべての結合当事企業の持分は継続しているとみなされるので，資産および負債を帳簿価額で引き継ぐ**持分プーリング法**（pooling of interest method）により会計処理することとされています。これは，いずれの結合当事企業の持分も継続が断たれておらず，いずれの結合当事企業も支配を獲得していないと判断される限り，企業結合によって投資のリスクが変質しても，その変質によっては個々の投資のリターンは実現していないとみるからです。

図表12-1　企業結合の会計処理方法

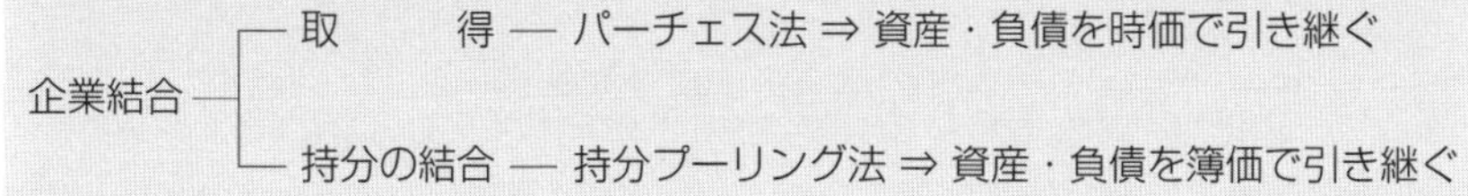

<設例12-1>　パーチェス法と持分プーリング法の比較

X社が自社の新株200株と引き換えにY社の発行済株式のすべてを取得し，Y社を吸収合併すると仮定しましょう。このときX社の株価は1株3万円であり，X社とY社の合併前の貸借対照表はそれぞれ以下のとおりであったとしましょう。

X社貸借対照表

流動資産	800万円	負　　債	500万円
固定資産	900万円	資 本 金	400万円
		利益剰余金	800万円

Y社貸借対照表

流動資産	300万円	負　　債	300万円
固定資産	400万円	資 本 金	250万円
		利益剰余金	150万円

ただし，Y社の固定資産の時価は500万円と見積もられています。

<解説>

この企業結合にパーチェス法を適用すると，新株発行によって増加する資本は600万円（＝3万円×200株）となり，資本金および資本剰余金として記録さ

れます。ここでは，資本金に２分の１（300万円）組み入れ，残り（300万円）を資本剰余金に計上することにします。受け入れる資産・負債は時価で評価されるので，固定資産は500万円として引き継がれます。増加した資本と引き継いだ純資産（＝資産－負債）との差額100万円（＝600万円－（800万円－300万円））はのれんとして計上されます。したがって，X社が行う仕訳は次のようになります。

（借）	流動資産	300万円	（貸）	負債	300万円
	固定資産	500万円		資本金	300万円
	のれん	100万円		資本剰余金	300万円

X社の結合後の貸借対照表

流動資産	1,100万円	負債	800万円
固定資産	1,400万円	資本金	700万円
のれん	100万円	資本剰余金	300万円
		利益剰余金	800万円

他方，もしこの企業結合に持分プーリング法を適用すると，受け入れる資産・負債は帳簿価額で引き継がれます。資本構成もできるだけそのまま引き継がれます。のれんは計上されません。したがって，X社が行う仕訳は次のようになります。

（借）	流動資産	300万円	（貸）	負債	300万円
	固定資産	400万円		資本金	250万円
				利益剰余金	150万円

X社の結合後の貸借対照表

流動資産	1,100万円	負債	800万円
固定資産	1,300万円	資本金	650万円
		利益剰余金	950万円

2　持分プーリング法の廃止

従来から，企業結合には取得と持分の結合があり，それぞれ異なる経済的実態を有するといわれてきました。企業結合が取得と判断されれば，取得企業の資産および負債はその帳簿価額で企業結合後もそのまま引き継がれるのに対して，被取得企業の資産および負債は時価に評価替えされます。他方，企業結合が持分の結合と判断されるのであれば，すべての結合当事企業の資産および負債はその帳簿価額で企業結合後もそのまま引き継がれます。

このような相違が生じるのは，持分の継続が断たれた側では，投資者はそこでいったん投資を清算し，改めて当該資産および負債に対して投資を行ったと考えられるのに対して，持分が継続している側では，これまでの投資がそのまま継続していると考えられるからに他なりません。

このように，「企業結合会計基準」では，持分が継続しているか否かで，企業結合を持分の結合と取得に分けて，それぞれの会計処理方法が規定されてきました。すなわち，持分が継続していると判断されれば持分プーリング法を適用し，持分の継続が断たれたと判断されればパーチェス法を適用することとされていました。

しかし，国際的な会計基準では，持分プーリング法が廃止されて，パーチェス法に統一されていることから，持分プーリング法が日本の会計基準と国際的な会計基準の差異の象徴的な存在となってしまいました。企業結合会計基準が適用されて以降，実際に持分プーリング法が適用された事例は非常に限られていたため，企業会計基準委員会は，会計基準のコンバージェンスを推進する観点から，2008年12月の改正において，持分プーリング法を廃止し，共同支配企業の形成以外の企業結合はすべて取得とみなしてパーチェス法により会計処理を行うこととしました。

第3節◆取得の会計処理

企業結合の実態を「取得」とみなす場合，ある企業が他の企業の支配を獲得するという経済的実態を反映するよう，パーチェス法により会計処理することとなります。

これは，「取得」は実質的にはいずれかの結合当事企業による新規の投資と同様であり，交付する現金や株式等の投資額を取得原価として他の結合当事企業から受け入れる純資産を評価することが現行の一般的な交換取引の際に適用されている会計処理と整合するからです。

一般的な交換取引においては，その交換のために支払った対価となる財の時価は，通常，取得した資産の時価と等価である（すなわち，等価交換である）と考えられており，取得した資産の原価は，支払対価が現金の場合には現金支出額で測定されます。支払対価が現金以外の資産の引渡し，負債の引受けまたは株式の交付の場合には，支払対価となる財の時価と取得した資産の時価のうち，より高い信頼性をもって測定可能な時価で取得原価を測定するのが一般的です。

また，交換取引により複数の資産および負債を一括して取得または引き受けた場合には，まず支払対価総額を算定し，次にその支払対価総額を一括して取得または引き受けた個々の資産または負債に対して配分します。

したがって，「取得」と判定された企業結合においても，パーチェス法の適用により，取得原価としての支払対価総額を取得した資産および引き受けた負債に対して配分することになります。その際，支払対価総額と配分された純額との間に差額が生じる場合があります。この差額が，のれんまたは負ののれんです。

このように，「取得」の場合には，他の企業（被取得企業）または企業を構成する事業に対する支配を獲得した企業（取得企業）の立場から，次のようなパーチェス法による会計処理を行うことになります。

⑴　結合当事企業の中から取得企業を決定する。
⑵　取得原価を算定する。
⑶　算定した取得原価を取得した資産および引き受けた負債に配分する。
⑷　取得原価と取得した資産および引き受けた負債に配分された純額との差額をのれんまたは負ののれんとして処理する。

1　取得企業の決定方法

取得とされた企業結合においては，まずいずれかの結合当事企業を取得企業と決定しなければなりません。取得企業を決定するための基礎として，支配概念を用います。すなわち，企業会計基準第22号「連結財務諸表に関する会計基準」に従って，他の結合当事企業を支配することとなる結合当事企業が明確である場合には，その支配する側の企業が取得企業となります。また，連結会計基準の考え方によってもどの結合当事企業が取得企業になるかが明確ではない場合には，次のような諸要素を考慮して決定します。

主な対価の種類として，現金もしくは他の資産を引き渡すまたは負債を引き受けることとなる企業結合の場合には，通常，現金もしくは他の資産を引き渡すまたは負債を引き受ける企業が取得企業となります。また，主な対価の種類が株式の交付である企業結合の場合には，通常，株式を交付する企業が取得企業となります。さらに，相対的な規模（たとえば，総資産額，売上高あるいは純利益）が著しく大きい企業は，通常，取得企業となります。

2　取得原価の算定

被取得企業または取得した事業の取得原価は，原則として，取得の対価（支払対価）となる財の企業結合日における時価で算定します。支払対価が現金以外の資産の引渡し，負債の引受けまたは株式の交付の場合には，支払対価となる財の時価と被取得企業または取得した事業の時価のうち，より高い信頼性をもって測定可能な時価で取得原価を算定します。これは，一般的な交換取引において資産の取得原価を算定するさいに適用されている考え方と同様です。

取得の対価として市場価格のある取得企業等の株式が交付される場合には，原則として，企業結合日における株価を基礎にして算定します。2003年の改正以前には，企業結合の主要条件が合意されて公表された日（合意公表日）前の合理的な期間における株価を基礎にして算定することとされていましたが，国際的な会計基準とのコンバージェンスに配慮する必要から，企業結合日における株価を基礎にして算定することとなりました。

3　取得原価の配分方法

取得原価は，被取得企業から受け入れた資産および引き受けた負債のうち企業結合日時点において識別可能なもの（識別可能資産および負債）の企業結合日時点の時価を基礎として，それらの資産および負債に対して配分します。

識別可能資産の範囲については，被取得企業の企業結合日前の貸借対照表において計上されていたかどうかにかかわらず，企業がそれらに対して対価を支払って取得した場合には，資産として認識されます。

また，取得後に発生することが予測される特定の事象に対応した費用または損失であって，その発生の可能性が取得の対価に反映されている場合には，負債として認識します。この負債は，原則として，固定負債として表示し，貸借対照表に注記します。

取得原価が，受け入れた資産および引き受けた負債に配分された純額を上回る場合には，その超過額はのれんとして処理し，下回る場合には，その不足額は負ののれんとして処理します。

第４節◆のれんの会計

1　のれんの意義

のれんとは，被取得企業または取得した事業の取得原価が，取得した資産および引き受けた負債に配分された純額を超過する額をいい，不足する額は**負の**

のれんといいます。

被取得企業(または事業)の取得原価	＞	受け入れた資産・負債に配分された純資産	⇒	のれん
同　　上	＜	同　　上	⇒	負ののれん

＜設例12-２＞　負ののれんの認識

前述した**設例12-１**のX社がY社を吸収合併する例で，X社が発行した株式の時価が１株３万円ではなく２万円であるとすると，次のようになります。

この企業結合にパーチェス法を適用すると，新株発行によって増加する資本は400万円（＝２万円×200株）となり，すべてを資本金に組み入れると，資本金400万円となります。引き継いだ純資産500万円（＝800万円－300万円）の方が増加した資本金400万円より大きいので，差額の100万円は負ののれんとして計上されます。したがって，X社が行う仕訳は次のようになります。

（借）	流動資産	300万円	（貸）	負　　債	300万円
	固定資産	500万円		負ののれん	100万円
				資本金	400万円

２　のれんの会計処理

のれんは，資産に計上し，20年以内のその効果の及ぶ期間にわたって，定額法その他の合理的な方法により規則的に償却します。ただし，のれんの金額に重要性が乏しい場合には，当該のれんが生じた事業年度の費用として処理することができます。

以上のように，日本の基準では，のれんは20年以内のその効果の及ぶ期間にわたって規則的に償却することとされています。これに対して，国際的な会計基準では，のれんは償却せずに，減損処理のみを行うこととされています。

このように，のれんの会計処理をめぐっては，償却説対非償却説という対立があります。

図表12-2　のれんの会計処理

┌ 償却説……………………その効果の及ぶ期間にわたり規則的な償却を行う方法
└ 非償却・減損処理説……規則的な償却を行わず，のれんの価値が損なわれたときに減損処理を行う方法

「規則的な償却を行う」償却説の主な論拠としては，次のような点が挙げられます。

① のれんの耐用年数を信頼性をもって予測することができないとしても，のれんが減価性資産である以上，一定の期間を定めて償却し，のれんの原価を回収することは健全な会計処理である。
② 価値が減価した部分の金額を継続的に把握することは困難であり，かつ操作の余地を与えることにもなりかねないので，一定の期間にわたり規則的な償却を行う方が合理的である。
③ のれんを償却しないとする説は，競争の進展に伴うのれんの価値の減価の過程を無視することになる。たとえ超過収益力が維持されている場合でも，それは結合後の企業の追加的な投資や企業の追加的努力によって補完されているのであり，のれんを償却しないのは，追加投資による自己創設のれんを計上することに実質的に等しい。

非償却・減損処理説の主な論拠としては，次のような点が挙げられます。

① のれんは減価性資産ではなく，仮に減価するとしても，規則的に減価するのではなく，不規則である。
② のれんの耐用年数を信頼性をもって予測することは不可能である。
③ のれんの減価の有無を企業の収益性に照らして判定する方が，実態をより的確に反映できる。

国際的な会計基準のコンバージェンスという観点からすると，いずれかの説に統一すべきですが，はたしてのれんは償却すべきなのか，それとも償却すべきでないのか，難しい問題です。

なお，のれんは「固定資産の減損に係る会計基準」の適用対象資産となることから，規則的な償却を行う場合においても，「固定資産の減損に係る会計基準」にしたがった減損処理が行われます。すなわち，のれんを含む資産グループの回収可能価額（正味売却価額と使用価値のいずれか高い方の金額）を将来キャッシュ・フローの現在価値等を用いる等により算定し，認識された減損額はのれんに優先的に配分されます。

したがって，日本の「企業結合会計基準」は，償却説を採用し，それを減損処理で補完するという仕組みになっています。

3　負ののれんの会計処理

負ののれんが発生する原因としては，一般に次のような場合が考えられます。

① 実際の企業の価値より低い価格で取得が行われたバーゲン・パーチェス（割安購入）の場合
② 偶発損失が存在し，その評価額が取得価額の決定に反映されているが，負債の評価には反映されていない場合
③ 企業結合により受け入れた識別可能資産・負債の公正価値測定に不備があった場合

負ののれんの処理方法としては，次のような選択肢があります。

① 企業または事業の取得によって購入した非流動資産に負ののれんを比例的に配分する。すなわち，負ののれんは，本来生じるはずがないことを前提として，識別可能資産の公正価値の測定に不備があると仮定し，測定を誤る可能性の高い資産から比例的に控除する。
② 負ののれんの性格は，時価評価が適切に行われているとすれば，認

識不能な債務やバーゲン・パーチェスといえることから，発生時に異常利益として計上する。

③ その発生原因が複数存在すると考え，各方法の折衷的な方法を採用する。たとえば，バーゲン・パーチェスと判断される額については発生時に利益計上し，残額は取得した非流動資産に比例的に配分する。

④ のれんと対称的に考え，繰延利益として負債計上したうえで，規則的償却を行う。

上記の①～③の処理方法は，いずれも負ののれんをある特定の原因により発生するものとみなし，その原因に対応した会計処理を行うものです。しかし，非流動資産に比例的に配分する方法が想定する公正価値測定の不備や，発生時に利益計上する説が前提とする第三者との取引におけるバーゲン・パーチェスの発生など，それぞれの処理方法が前提としている発生原因を識別するのは必ずしも容易ではありません。そこで，2008年改正前の「企業結合会計基準」では，のれんとの対称性をより重視し，負債として計上し，「20年以内の取得の実態に基づいた適切な期間で規則的に償却する」こととされていました。

しかし，国際的な会計基準では，負ののれんは負債として計上されるべき要件を満たしていないことから，利益として認識することとされています。そこで，国際的な会計基準とのコンバージェンスを推進するという観点から，2008年の基準改正において，従来の取扱いを見直し，次のように処理することとなりました。

すなわち，負ののれんが生じると見込まれる場合には，まず，取得企業は，すべての識別可能資産および負債が把握されているか，また，それらに対する取得原価の配分が適切に行われているかどうかを見直し，次に，この見直しを行っても，なお取得原価が受け入れた資産および引き受けた負債に配分された純額を下回り，負ののれんが生じる場合には，その事業年度の利益として処理することとされました。

第５節◆共同支配企業の形成の会計処理

「共同支配企業」とは，複数の独立した企業により共同で支配される企業をいいます。また，「共同支配企業の形成」とは，複数の独立した企業が契約等に基づき，共同支配企業を形成する企業結合をいいます。

共同で支配するということは，いずれの投資企業も単独では支配していないということになります。したがって，支配を単独で獲得した企業，すなわち取得企業は存在せず，このような企業結合の実態は「取得」ではなく，「持分の結合」です。

そこで，共同支配企業の形成においては，持分の結合に適用される持分プーリング法に準じて，共同支配企業は，資産および負債を企業結合直前に付されていた適正な帳簿価額により計上します。

考えてみよう・調べてみよう

⑴　持分プーリング法およびパーチェス法について，説明しなさい。

⑵　のれんを償却する場合としない場合では，利益にどのような違いが生じるのか考えてみましょう。

⑶　M&Aを盛んに行っている企業を探しだし，のれんをどのぐらい計上しているか，また，どのように償却しているか調べてみましょう。

⑷　IFRSを任意適用している日本企業は，のれんを償却していません。IFRS任意適用企業からのれんの計上額が大きい企業を探し出してみましょう。

連結財務諸表

本章では，企業集団全体の経営成績や財政状態を表示する連結財務諸表について学びます。連結範囲を決定する基準および連結財務諸表の基本的な作成手続きが中心的な課題となります。また，持分法の処理についても学びます。

第1節◆連結財務諸表の意義

連結財務諸表（Consolidated Financial Statements）とは，企業集団全体をあたかも1つの企業として捉えて，企業集団全体の財政状態，経営成績およびキャッシュ・フローの状況を総合的に表示する財務諸表です。

- 個別財務諸表　⇒　法的実体としての個々の企業を単位とする財務諸表
- 連結財務諸表　⇒　経済的実体としての企業集団を単位とする財務諸表

連結財務諸表は，個別財務諸表からは得られないような企業集団に関する有用な情報を提供するものであり，日本では1977年4月1日以降開始する事業年度から制度化されました。当時は連結財務諸表は個別財務諸表を補足する財務諸表として位置づけられていましたが，1997年6月に企業会計審議会より「連結財務諸表制度の見直しに関する意見書」が公表され，従来の個別財務諸表中心の制度から連結財務諸表中心の制度へと転換されました。

その後，新しい会計基準が数多く公表されたことや国際的な基準との統合の必要性から，1997年に改訂された「連結財務諸表原則」の見直しが行われ，2008年12月26日に企業会計基準委員会から企業会計基準第22号「**連結財務諸表に関する会計基準**」が公表されました。

また，2010年６月30日に公表された企業会計基準第25号「包括利益の表示に関する会計基準」により連結財務諸表において包括利益を表示することが義務づけられたことから，従来の連結損益計算書に代わって，「連結損益及び包括利益計算書」（１計算書方式；229頁参照）または「連結損益計算書」および「連結包括利益計算書」（２計算書方式；229頁参照）の作成が求められることになりました（「連結財務諸表に関する会計基準」第34項，第38-２項）。

さらに，2013年９月13日に，国際的な会計基準とのコンバージェンスの一環として，「企業結合に関する会計基準」をはじめとする一連の企業会計基準および適用指針の改正が公表され，これらの一連の改正基準では，国際的な会計基準と同様に，少数株主を非支配株主と呼び替え，非支配株主との取引を資本取引と位置づけるとともに，連結損益計算書における当期純利益に非支配株主に帰属する部分も含め，親会社株主に帰属する当期純利益を内訳表示または注記することとされました。したがって，従来の少数株主損益調整前当期純利益が，当期純利益として表示されることになりました。

図表13-１　連結財務諸表の表示の取扱いの改正前後の比較

改　正　前	改　正　後
少数株主持分	非支配株主持分
少数株主損益調整前当期純利益	当期純利益
少数株主損益	非支配株主に帰属する当期純利益
当期純利益	親会社株主に帰属する当期純利益

第2節◆連結の範囲

1　子会社

連結財務諸表を作成するためには，まず企業集団に含められる会社の範囲を決定することが必要です。連結の範囲を決定する基準には，持株基準と支配力基準があります。

持株基準とは，親会社（parent）が他の企業の議決権のある株式の過半数を所有していれば，株主総会での議決権行使を通じてその企業の意思決定を支配（control）することができることから，親会社が議決権の過半数を所有している会社を子会社（subsidiary）とする基準であり，持株割合に基づいて連結範囲を決定するという考え方です。

これに対して，**支配力基準**とは，親会社が議決権の過半数を所有している場合はもちろん，たとえ過半数を所有していなくても，財務や経営の方針を実質的に支配していれば，その会社も子会社とみなす基準であり，実質的な支配力に基づいて連結範囲を決定するという考え方です。

日本では，従来，持株基準を採用していましたが，持株割合を少し変えるだけで連結範囲を操作することが可能であるといった弊害があるため，1997年の「連結財務諸表原則」の改訂により，実質的な支配関係の有無に基づいて子会社の判定を行う支配力基準が導入されました。「連結財務諸表に関する会計基準」（第6項）は，親会社と子会社を次のように定義しています。

> 「親会社」とは，他の企業の財務及び営業又は事業の方針を決定する機関（株主総会その他これに準ずる機関をいう。以下，「意思決定機関」という。）を支配している企業をいい，「子会社」とは，当該他の企業をいう。

なお，ここでいう「他の企業の意思決定機関を支配している企業」とは，次のような企業をいいます（「連結財務諸表に関する会計基準」第7項）。

(1) 他の企業の議決権の過半数を自己の計算において所有している企業
(2) 他の企業の議決権の100分の40以上，100分の50以下を自己の計算において所有している企業であって，かつ，次のいずれかの要件に該当する企業
① 自己の計算において所有している議決権と，自己と出資，人事，資金，技術，取引等において緊密な関係があることにより自己の意思と同一の内容の議決権を行使すると認められる者及び自己の意思と同一の内容の議決権を行使することに同意している者が所有している議決権とを合わせて，他の企業の議決権の過半数を占めていること
② 役員若しくは使用人である者，又はこれらの者であった者で自己が他の企業の財務及び営業又は事業の方針の決定に関して影響を与えることができる者が，当該他の企業の取締役会その他これに準ずる機関の構成員の過半数を占めていること
③ 他の企業の重要な財務及び営業又は事業の方針決定を支配する契約等が存在すること
④ 他の企業の資金調達額（貸借対照表の負債の部に計上されているもの）の総額の過半について融資（債務の保証及び担保の提供を含む。）を行っていること（自己と出資，人事，資金，技術，取引等において緊密な関係のある者が行う融資の額を合わせて資金調達額の総額の過半となる場合を含む。）
⑤ その他他の企業の意思決定機関を支配していることが推測される事実が存在すること
(3) 自己の計算において所有している議決権（当該議決権を所有していない場合を含む。）と，自己と出資，人事，資金，技術，取引等において緊密な関係があることにより自己の意思と同一の内容の議決権を行使すると認められる者及び自己の意思と同一の内容の議決権を行使することに同意している者が所有している議決権とを合わせて，他の企業

の議決権の過半数を占めている企業であって，かつ，上記(2)の②から⑤までのいずれかの要件に該当する企業

子会社と判定された企業については，原則として，すべて連結の範囲に含まれます。しかし，子会社のうち，支配が一時的であると認められる子会社，あるいは，連結することにより利害関係者の判断を著しく誤らせるおそれのある子会社については，連結の範囲に含めません（「連結財務諸表に関する会計基準」第14項）。また，重要性の乏しい子会社は，連結の範囲に含めないことができます（同基準注３）。

２　関連会社

関連会社（associates）とは，親会社および子会社が，出資，人事，資金，技術，取引等の関係を通じて，子会社以外の他の会社の財務および営業または事業の方針の決定に対して重要な影響を与えることができる場合における当該他の会社をいいます（「持分法に関する会計基準」第５項）。

関連会社については，他の会社に対する影響力をベースに範囲を決定しようとする**影響力基準**が採用されています。具体的には，次のような場合には，当該他の企業の財務および営業または事業の方針の決定に対して重要な影響を与えることができないことが明らかである場合を除いて，当該他の企業は関連会社に該当するものとされています（「持分法に関する会計基準」第５-２項）。

(1)　子会社以外の他の企業の議決権の100分の20以上を自己の計算において所有している場合

(2)　子会社以外の他の企業の議決権の100分の15以上，100分の20未満を自己の計算において所有している企業であって，かつ，次のいずれかの要件に該当する場合

①　役員若しくは使用人である者，又はこれらの者であった者で自己が子会社以外の他の企業の財務及び営業又は事業の方針の決定に関

して影響を与えることができる者が，当該子会社以外の他の企業の代表取締役，取締役又はこれらに準ずる役職に就任していること

② 子会社以外の他の企業に対して重要な融資（債務の保証及び担保の提供を含む。）を行っていること

③ 子会社以外の他の企業に対して重要な技術を提供していること

④ 子会社以外の他の企業との間に重要な販売，仕入その他の営業上又は事業上の取引があること

⑤ その他子会社以外の他の企業の財務及び営業又は事業の方針の決定に対して重要な影響を与えることができることが推測される事実が存在すること

(3) 自己の計算において所有している議決権（当該議決権を所有していない場合を含む。）と，自己と出資，人事，資金，技術，取引等において緊密な関係があることにより自己の意思と同一の内容の議決権を行使すると認められる者及び自己の意思と同一の内容の議決権を行使することに同意している者が所有している議決権とを合わせて，子会社以外の他の企業の議決権の100分の20以上を占めているときであって，かつ，上記(2)の①から⑤までのいずれかの要件に該当する場合

関連会社の資産・負債には親会社の支配が及ばないため，関連会社の財務諸表は親会社の財務諸表と合算されません。その代わりに，関連会社が獲得した利益のうち，親会社の持株比率に見合うだけの金額を企業集団の利益とみなして連結財務諸表に含めるという**持分法**（equity method）と呼ばれる方法が適用されます。

第３節◆連結財務諸表の作成

１ 連結決算日

連結財務諸表の作成に関する期間は１年とし，親会社の会計期間に基づき，年１回一定の日をもって連結決算日とします（「連結財務諸表に関する会計基準」

第15項)。すなわち，年１回親会社の決算日をもって連結決算日とします。

子会社の決算日が連結決算日と異なる場合には，子会社は，連結決算日に正規の決算に準ずる合理的な手続きにより決算を行わなければなりません（「連結財務諸表に関する会計基準」第16項)。ただし，決算日の差異が３ヵ月を超えない場合には，子会社の正規の決算を基礎として連結決算を行うことができますが，この場合には，決算日の差異から生じる連結会社間の取引に関わる会計記録の重要な不一致について必要な整理を要します（「連結財務諸表に関する会計基準」注４)。

２　親子会社の会計処理方法の統一

同一環境下で行われた同一の性質の取引等について，親会社および子会社が採用する会計方針は，原則として統一しなければなりません（「連結財務諸表に関する会計基準」第17項)。

しかし，2006年５月17日に公表された実務対応報告第18号「**連結財務諸表作成における在外子会社等の会計処理に関する当面の取扱い**」（最終改正2020年３月31日）では，「連結財務諸表を作成する場合，同一環境下で行われた同一の性質の取引等について，親会社及び子会社が採用する会計方針は，原則として統一しなければならない。」という「**原則的な取扱い**」が再確認されるとともに，「**当面の取扱い**」として「在外子会社の財務諸表が国際財務報告基準又は米国会計基準に準拠して作成されている場合，及び国内子会社が指定国際会計基準又は修正国際基準に準拠した連結財務諸表を作成して金融商品取引法に基づく有価証券報告書により開示している場合には，当面の間，それらを連結決算手続上利用することができるものとする。」とされています。

それらの場合であっても，次に示す項目については，当該修正額に重要性が乏しい場合を除き，連結決算手続上，当期純利益が適切に計上されるよう当該在外子会社等の会計処理を修正しなければならない。なお，次の項目以外についても，明らかに合理的でないと認められる場合には，連結決算手続上で修正を行う必要があることに留意する。

⑴ のれんの償却

在外子会社等において，のれんを償却していない場合には，連結決算手続上，その計上後20年以内の効果の及ぶ期間にわたって，定額法その他の合理的な方法により規則的に償却し，当該金額を当期の費用とするよう修正する。ただし，減損処理が行われたことにより，減損処理後の帳簿価額が規則的な償却を行った場合における金額を下回っている場合には，連結決算手続上，修正は不要であるが，それ以降，減損処理後の帳簿価額に基づき規則的な償却を行い，修正する必要があることに留意する。

⑵ 退職給付会計における数理計算上の差異の費用処理

在外子会社等において，退職給付会計における数理計算上の差異（再測定）をその他の包括利益で認識し，その後費用処理を行わない場合には，連結決算手続上，当該金額を平均残存勤務期間以内の一定の年数で規則的に処理する方法（発生した期に全額を処理する方法を継続して採用することも含む。）により，当期の損益とするよう修正する。

⑶ 研究開発費の支出時費用処理

在外子会社等において，「研究開発費等に係る会計基準」の対象となる研究開発費に該当する支出を資産に計上している場合には，連結決算手続上，当該金額を支出時の費用とするよう修正する。

⑷ 投資不動産の時価評価及び固定資産の再評価

在外子会社等において，投資不動産を時価評価している場合又は固定資産を再評価している場合には，連結決算手続上，取得原価を基礎として，正規の減価償却によって算定された減価償却費（減損処理を行う必要がある場合には，当該減損損失を含む。）を計上するよう修正する。

⑸ 資本性金融商品の公正価値の事後的な変動をその他の包括利益に表示する選択をしている場合の組替調整

在外子会社等において，資本性金融商品の公正価値の事後的な変動をその他の包括利益に表示する選択をしている場合には，当該資本性金融商品の売却を行ったときに，連結決算手続上，取得原価と売却価額との差額を当期の損益として計上するよう修正する。

（「連結財務諸表作成における在外子会社等の会計処理に関する当面の取扱い」）

このように，「連結財務諸表作成における在外子会社等の会計処理に関する当面の取扱い」では，在外子会社等の財務諸表の連結に際しては，原則として，親会社と子会社の会計基準を統一しなければならないとしながらも，当面の間，在外子会社の財務諸表が，国際財務報告基準（国際会計基準）または米国会計基準に準拠して作成されている場合には，それらを連結決算手続上利用することができるとされています。

ただし，国際財務報告基準または米国会計基準に準拠している場合であっても，わが国の会計基準に共通する考え方と乖離するものであり，かつ連結上の当期純損益に重要な影響を与えるものについては，修正しなければならないとされています。これは，財務報告において提供される情報のなかで，特に重要なのは投資の成果を示す利益情報と考えられることによるとされています。

なお，ここでいう「我が国の会計基準に共通する考え方」としては，当期純利益を測定するうえでの費用配分，当期純利益と株主資本との連携，および，投資の性格に応じた資産および負債の評価などが挙げられています。

3　連結貸借対照表の作成

連結貸借対照表は，連結決算日における企業集団全体の財政状態を表示する計算書です。連結会社相互間の取引は，連結決算においては，企業集団内部での移動に過ぎず，単純に各個別財務諸表を合算しただけでは重複してしまうことになるため，相殺消去という手続きが必要となります。

したがって，連結貸借対照表は，親会社と子会社の個別財務諸表における資産，負債および純資産の金額を基礎として，子会社の資産および負債の評価，連結会社相互間の投資と資本，および債権と債務の相殺消去等の処理を行って作成されます。

① 親会社と子会社の個別貸借対照表を合算します。 ② 子会社の資産および負債を支配獲得日の時価により評価します。 ③ 親会社の投資と子会社の資本を相殺消去します。 ④ 連結会社相互間の債権と債務を相殺消去します。

以下では，②～④の手続きを簡単に説明しましょう。

<子会社の資産および負債の評価>

連結貸借対照表の作成にあたっては，支配獲得日において，子会社の資産および負債のすべてを支配獲得日の時価により評価する方法（全面時価評価法）により評価します。これらの時価による評価額と子会社の個別貸借対照表上の金額の差額（評価差額）は，子会社の資本とします。

評価差額に重要性が乏しい子会社の資産および負債は，個別貸借対照表上の金額によることができます。

<設例13-１>　子会社の資産および負債の評価

P社はS社株式の80%をX2年３月31日に1,200万円で取得し，S社を連結子会社としました。S社の貸借対照表は次のとおりですが，S社の資産のうち建物の時価は600万円，土地の時価は1,400万円であり，残りの資産および負債は帳簿価額と時価が一致しました。

S社貸借対照表　（単位：万円）

借方	金額	貸方	金額
現金預金	200	買掛金	500
売掛金	600	借入金	1,200
商品	400	資本金	800
建物	800	利益剰余金	500
土地	1,000		
	3,000		3,000

<S社修正仕訳>

（借）土　　地	400	（貸）	建　　物	200
			評価差額	200

S社修正後貸借対照表　（単位：万円）

借方	金額	貸方	金額
現金預金	200	買掛金	500
売掛金	600	借入金	1,200
商品	400	資本金	800
建物	600	利益剰余金	500
土地	1,400	評価差額	200
	3,200		3,200

＜資本連結（投資と資本の相殺消去）＞

親会社の子会社に対する投資とこれに対応する子会社の資本を相殺消去します。この相殺消去手続きを**資本連結**と呼んでいます。親会社では，子会社への出資を投資として，具体的には子会社株式あるいは関係会社株式として表示しています。子会社では，資本として，具体的には株主資本や評価・換算差額等として表示しています。子会社の資本はすべて消去されるため，親会社の株主資本だけが連結上の株主資本を構成することになります。

親会社の投資と子会社の資本を相殺消去し，消去差額が生じた場合には，この差額を**のれん**または**負ののれん**として処理します。のれんについては，資産に計上し，20年以内のその効果の及ぶ期間にわたって，定額法その他の合理的な方法により規則的に償却しなければなりません。負ののれんについては，連結損益計算書上特別利益として計上されるため，連結貸借対照表上は利益剰余金に含まれます。

親会社が子会社の株式を100％保有していない場合，親会社以外の株主が所有している部分は親会社持分と区別されて**非支配株主持分**（non-controlling interest）と呼ばれます。投資と資本の相殺消去において親会社の投資と相殺されるのは，子会社の資本のうち親会社持分に属する部分だけです。相殺されずに残った部分が非支配株主持分です。非支配株主持分は，連結貸借対照表の純資産の部に株主資本とは区別して表示されます。

<設例13-２>　資本連結

(例１)　P社がS社（資本金100万円，利益剰余金100万円）の株式全部を200万円で取得した場合。

(借)	資本金	1,000,000	(貸)	子会社株式	2,000,000
	利益剰余金	1,000,000			

(例２)　P社がS社（同上）の株式全部を250万円で取得した場合。

(借)	資本金	1,000,000	(貸)	子会社株式	2,500,000
	利益剰余金	1,000,000			
	のれん	500,000			

(例３)　P社がS社（同上）の株式の80％を160万円で取得した場合。

(借)	資本金	1,000,000	(貸)	子会社株式	1,600,000
	利益剰余金	1,000,000		非支配株主持分	400,000

（注）　非支配株主持分　400,000円＝(1,000,000円＋1,000,000円)×20％

<債権と債務の相殺消去>

次いで，連結会社相互間の取引から生じた債権と債務については，それらは企業集団全体で見ると内部取引から生じたものであるから，連結決算上，相殺消去しなければなりません。相殺消去の対象となるのは，売掛金と買掛金，受取手形と支払手形，貸付金と借入金，未収金と未払金などのような確定債権・債務の他，未収収益と未払費用，前払費用と前受収益のような経過勘定項目も含まれます。

なお，連結会社を対象として引き当てられた貸倒引当金等についても調整が必要となります。

<設例13-3>　債権と債務の相殺消去

(例4)　P社の資産の中には，S社に対する売掛金400万円と貸付金800万円が含まれています。反対に，S社の負債には，P社からの買掛金400万円と借入金800万円が含まれています。

(借)	買掛金 (S社)	4,000,000	(貸)	売掛金 (P社)	4,000,000
	借入金 (S社)	8,000,000		貸付金 (P社)	8,000,000

4　連結損益（及び包括利益）計算書の作成

連結損益（及び包括利益）計算書は，企業集団全体の経営成績を表示する計算書です。連結損益（及び包括利益）計算書は，連結貸借対照表の作成と同様に，各個別損益計算書を合算したうえで，**連結会社相互間の取引高の消去**，**未実現損益の消去**等の必要な調整を加えて作成されます。

① 親会社と子会社の個別損益計算書を合算します。
② 連結会社相互間の取引高を相殺消去します。
③ 連結会社相互間において生じた未実現損益を消去します。

以下では，②と③の手続きについて簡単に説明しましょう。

<連結会社相互間の取引高の相殺消去>

親会社と子会社との間および子会社相互間で行われた取引に係る項目は，企業集団全体からみると，内部取引から生じたものとみなされるので，連結決算上，相殺消去しなければなりません。これらの取引には，商品・製品の売買，固定資産の売買，配当金の受払，手数料の受払，地代・家賃の受払，利息の受払などがあります。

<未実現損益の消去>

連結会社相互間で棚卸資産や固定資産などが売買された場合，売却した会社の個別財務諸表には売却損益が計上されます。しかし，連結会計上は，企業集団外部の第三者に売却されてはじめて実現したことになるため，このような内部取引から生じた未実現利益を消去しなければなりません。

未実現損益の消去の仕方には，次のような３つの方式が考えられます。

① 全額消去・親会社負担方式
② 全額消去・持分按分負担方式
③ 部分消去・親会社負担方式

①の方式は，未実現損益を全額消去し，その金額をすべて親会社持分に負担させる方式です。②の方式は，未実現損益を全額消去し，持分比率に応じて親会社持分と非支配株主持分とに負担させる方式です。③の方式は，親会社の持分比率に相当する未実現損益のみを消去し，それを親会社持分に負担させる方式です。

＜設例13-４＞ 未実現損益の消去

（例５） 親会社と子会社（親会社の持株比率80％）の間で，原価40万円の商品が50万円で販売され，期末時点で当該商品が購入側の会社にとどまっている場合。

①の方式(借)	売上原価	100,000	（貸）	商品	100,000
②の方式(借)	売上原価	100,000	（貸）	商品	100,000
	非支配株主持分	20,000		非支配株主に帰属する当期純利益	20,000
③の方式(借)	売上原価	80,000	（貸）	商品	80,000

親子会社間の取引は，親会社が商製品を子会社に販売する**ダウンストリーム取引**と，子会社が親会社に販売する**アップストリーム取引**の２つに大別できます。

ダウンストリーム（親会社から子会社への取引）の場合には，未実現損益が生じている親会社には非支配株主は存在しないので，未実現損益の全額を消去したうえで，全額親会社の負担となる全額消去・親会社負担方式が適用されます。他方，アップストリーム（子会社から親会社への取引）の場合には，未実現損益が生じる子会社に親会社と非支配株主という２つの持分所有者が存在するので，未実現損益を全額消去したうえで，持分割合に応じて親会社と非支配株主に負担させる全額消去・持分按分負担方式が望ましいとされています（「連結財務諸表に関する会計基準」第38項，第68項）。

<設例13-５>　ダウンストリーム取引とアップストリーム取引

（例６） P社からS社（P社の持株比率60％）へ，商品1,200万円（原価1,000万円）を販売しましたが，同商品は期末に在庫として残っています。連結損益計算書を作成するために必要な仕訳を示しなさい。

（借）	売上原価	2,000,000	（貸）	商品	2,000,000

（注）ダウンストリーム取引なので，全額消去・親会社負担方式を適用します。消去すべき金額は，1,200万円－1,000万円＝200万円と計算されます。

（例７）（例６） とは反対に，S社からP社へ商品を販売した場合に必要な仕訳を示しなさい。

（借）	売上原価	2,000,000	（貸）	商品	2,000,000
	非支配株主持分	800,000		非支配株主に帰属する当期純利益	800,000

（注）アップストリーム取引なので，全額消去・持分按分負担方式を適用します。消去すべき未実現損益は200万円，非支配株主が負担すべき金額は，200万円×40％＝80万円と計算されます。

<親会社説と経済的単一体説>

親会社が子会社株式の100％を所有していない場合には，子会社の利益のうち親会社に帰属しない部分があります。これは子会社の非支配株主に帰属する利益であり，親会社株主の立場から見た連結上の当期純利益を計算するためには，**非支配株主損益**として当期純利益から控除する必要があります。このような，親会社株主の立場から連結財務諸表を作成する考え方を**親会社説**と呼んでいます。

これに対して，国際的な会計基準は，親会社と子会社からなる企業集団を1つの経済的単位とみなし，企業集団を構成するすべての連結会社の株主の立場から連結財務諸表を作成するという**経済的単一体説**を採用しています。この経済的単一体説によれば，非支配株主も親会社株主と同等に扱われるため，非支配株主に帰属する利益も当期純利益に含まれます。

従来，国際的な会計基準と日本の会計基準では，当期純利益の概念に非支配株主損益を含むか否かという違いがありました。しかし，2013年9月の一連の改正基準により，当期純利益に非支配株主に帰属する利益が含まれることになりましたので，当期純利益の概念に関しては国際的な会計基準との差異は解消されました。ただし，株主資本については，従来どおり，親会社株主に帰属する部分のみから構成され，非支配株主に帰属する部分は含まれません。したがって，一連の改正基準では，国際的な会計基準とのコンバージェンスを図るために，親会社説と経済的単一体説が混淆（こんこう）したものとなっています。

図表13-2　連結損益及び包括利益計算書

【2計算書方式】		【1計算書方式】	
＜連結損益計算書＞		＜連結損益及び包括利益計算書＞	
売上高	10,000	売上高	10,000
-----		-----	
税金等調整前当期純利益	2,200	税金等調整前当期純利益	2,200
法人税等	900	法人税等	900
当期純利益	1,300	当期純利益	1,300
非支配株主に帰属する当期純利益	300	（内訳）	
親会社株主に帰属する当期純利益	1,000	親会社株主に帰属する当期純利益	1,000
		非支配株主に帰属する当期純利益	300
＜連結包括利益計算書＞			
当期純利益	1,300		
その他の包括利益：		その他の包括利益：	
その他有価証券評価差額金	530	その他有価証券評価差額金	530
繰延ヘッジ損益	300	繰延ヘッジ損益	300
為替換算調整勘定	△180	為替換算調整勘定	△180
持分法適用会社に対する持分相当額	50	持分法適用会社に対する持分相当額	50
その他の包括利益合計	700	その他の包括利益合計	700
包括利益	2,000	包括利益	2,000
（内訳）		（内訳）	
親会社株主に係る包括利益	1,600	親会社株主に係る包括利益	1,600
非支配株主に係る包括利益	400	非支配株主に係る包括利益	400

（出所：包括利益の表示に関する会計基準　参考・包括利益の表示例）

5　持分法の適用

非連結子会社と関連会社については，連結という手続きではなく，持分法という会計処理方法を通じてそれらの会社の業績を連結財務諸表に反映させます。**持分法**は，「投資会社が非投資会社の資本及び損益のうち投資会社に帰属する部分の変動に応じて，その投資の額を連結決算日ごとに修正する方法」（「持分法に関する会計基準」第4項）と定義されています。

持分法を適用した場合，関連会社（または非連結子会社）の株式への投資は，当初，原価で記録されます。その後，関連会社が利益を上げれば，その利益に対する親会社の持分割合だけ関連会社株式を増額させます。それと同時に，連結損益計算書において持分法による投資利益を計上します。反対に，損失が生じれば，その相当額だけ関連会社株式を減額するとともに，持分法による投資損失を計上します。また，関連会社から配当を受け取ったときには，配当額だけ関連会社株式を減額します。

このような持分法を適用すると，連結貸借対照表の関連会社株式および連結損益計算書の持分法による投資損益という科目を通じて，関連会社の業績が連結財務諸表に反映されることになります。持分法は，**一行連結**と呼ばれることもあります。

＜設例13-6＞　持分法による会計処理

① P社がA社の発行済株式の30％を3,000万円で取得しました。その時のA社の純資産は10,000万円でした。

（借）	関連会社株式	30,000,000	（貸）	現 金 預 金	30,000,000

② A社の当期純利益は4,000万円となりました。

（借）	関連会社株式	12,000,000	（貸）	持分法による投資損益	12,000,000

（注） 1,200万円＝4,000万円×30％

③ A社は2,000万円の配当を行いました。

（借）	受 取 配 当 金	6,000,000	（貸）	関連会社株式	6,000,000

（注） ③の仕訳は，P社の個別財務諸表上で収益として処理された受取配当金を連結上では消去するために借方にきています。また，関連会社株式はすでに②の純利益計上の段階で持分割合だけ増価させているので，配当金を受け取った段階で減額します。

第４節◆セグメント情報

連結財務諸表は，基本的には，企業集団を構成する各連結会社の個別財務諸表を合算することによって作成されます。連結財務諸表は，企業集団全体の業績を把握するにはきわめて有益ですが，企業集団内部のどの事業部門で利益を上げているのか，どの事業部門で赤字を出しているのかを知るためには，より詳細な情報も必要になります。

そこで，1990年４月１日以降開始する事業年度から，セグメント情報の開示が義務づけられました。開示が要求されるセグメント情報には，事業の種類別セグメント情報および所在地別セグメント情報がありました。

しかし，セグメント区分が不十分であり，企業の多角化を適切に反映していないという批判があったことから，2008年３月21日に，企業会計基準委員会から企業会計基準第17号「セグメント情報等の開示に関する会計基準」が公表されました。そこでは，国際的な会計基準において導入されている「マネジメント・アプローチ」に基づいたセグメント情報の開示が規定されています。この「マネジメント・アプローチ」とは，経営者が経営上の意思決定を行い，業績を評価するために，企業の事業活動を区分した方法に基づいてセグメント情報を開示しようとする考え方です。

考えてみよう･調べてみよう

(1)　持株基準と支配力基準について，比較検討しなさい。

(2)　子会社および関連会社の業績は，どのような手続きを経て連結財務諸表に反映されるのか，説明しなさい。

(3)　連結財務諸表をどのような立場から作成すべきかについては，親会社説と経済的単一体説という２つの考え方があります。それぞれの考え方について調べてみましょう。

(4)　実際に企業はどのようなセグメント情報を開示しているのか調べてみましょう。

財務諸表の分析

本章では，財務諸表の利用の仕方について学びます。とくに，伝統的な財務比率を用いた分析の仕方を学びます。簡単な設例も用意してあります。さらに，本章で学んだ分析ツールを使って，実際の企業の財務諸表を分析してみましょう。

第1節◆財務諸表分析の意義

企業あるいは企業グループの経営内容を分析・評価するためには，さまざまなレベルの情報を収集する必要があります。経済全般に関するマクロ・レベルのデータ，企業が属する産業に関する中間レベルのデータ，企業自身にかかわるミクロ・レベルのデータなどが必要でしょう。

これらのうち企業自身にかかわるミクロ的データとしては，企業が公表する財務諸表があります。財務諸表分析とは，財務諸表を中心とした会計情報に注目して，その意味内容を解釈・分析する技術です。

財務諸表は，その企業の財務状況を理解するための重要な手掛かりを与えてくれます。財務諸表分析は，財務諸表上の会計数値の諸関係を分析し，各種の財務比率を求め，同業他社との比較や時系列の比較を行う手法ですが，次のような2つに大別できます。

① **クロス・セクション分析**……同時点における他企業との比較

ある企業の財務諸表を分析しただけでは，その企業の優劣はなかなか判断しにくいものです。競合する他社と比較することによって，その企業の業績の相対的な位置づけが可能になります。クロス・セクション分析は，企業の属する業界の平均値や同業他社の数値と比較します。業種財務データには，『法人企業統計調査』（財務省），『産業別財務データハンドブック』（日本経済研究所），『日経経営指標』（日本経済新聞出版社）などがあります。

② **時系列分析**……当期の数値と過年度の数値との比較

企業の将来を予測するためには，企業の過去の趨勢（すうせい）を知ることが不可欠です。時系列分析は，過去から現在に至る時系列データを用いて企業の業績や財務状況の趨勢を把握します。企業の業績の変動は，企業の個別要因だけでなく，一般経済情勢の影響も受けていることに注意が必要です。

第２節◆主要な財務比率

1　流動性の分析

流動性の分析は，企業の短期的な支払能力，すなわち企業が資金繰りにゆとりがあるかどうかを調べます。支払期限が近づいた買掛金や支払手形を返済できなければ倒産に追い込まれます。昔からよく「勘定合って銭足らず」といいます。すなわち，たとえ利益が出ていても資金繰りに詰まり，黒字倒産する場合もあります。利益の発生と資金の流れには時間的なずれがあります。そこで，企業の流動性をみるためにキャッシュ・フロー計算書が重視されるようになってきました。

短期的な支払能力を表す指標としては，流動比率と当座比率が伝統的に用いられてきました（以下，適宜，**設例 補-1**を参照してください。）。

流動比率 ＝ 流動資産 ÷ 流動負債 × 100（％）

流動比率は，短期に返済期限が到来する流動負債の返済に充てることが可能な流動資産をどのくらい保有しているかを示す比率です。しかし，分子の流動資産の中には，棚卸資産のように現金化するまでに時間がかかる資産もあります。したがって，より厳密に企業の短期的支払能力をみるには，流動負債と当座資産を比較する当座比率が用いられます。

当座比率 ＝ 当座資産 ÷ 流動負債 × 100（%）

当座比率は，現金預金，受取手形，売掛金，有価証券のような換金性の高い当座資産を分子に用います。

また，キャッシュ・フロー計算書の情報を利用して企業の短期的支払能力をみることもできます。たとえば，**営業キャッシュ・フロー対流動負債比率**は，営業活動から生み出されるキャッシュ・フローによって流動負債をどれだけ返済できるかを示します。

営業キャッシュ・フロー対流動負債比率 ＝ 営業キャッシュ・フロー ÷ 流動負債 × 100（%）

＜設例 補-1＞　財務比率の計算

X1年・X2年のA社の要約財務諸表は次のとおりです。X2年の各比率を計算しなさい。

貸借対照表

	X1年	X2年
現金および短期投資	80	100
売掛金	80	100
棚卸資産	190	200
固定資産	220	230
計	570	630
流動負債	120	150
固定負債	200	180
資本金	100	100
利益剰余金	150	200
計	570	630

損益計算書

	X2年
売上高	800
売上原価	450
売上総利益	350
販売費・一般管理費	200
営業利益	150
受取利息	20
支払利息	50
当期純利益	120

なお，X2年の発行済株式数は100株でした。また，X2年末日の株価は24円でした。

<解説>

上述の資料に基づいて，流動比率と当座比率を計算すると，次のようになります。

流動比率＝流動資産÷流動負債×100%＝(100＋100＋200)÷150×100%
＝267%

当座比率＝当座資産÷流動負債×100%＝(100＋100)÷150×100%＝133%

2　安全性の分析

安全性の分析は，企業の長期的な支払能力，すなわち企業が長期的に安全であるかどうかを分析するものです。企業の長期的な安全性を評価する際に考慮すべき指標として，**自己資本比率**があります。これは，総資本（総資産）のうち自己資本（株主資本）の占める割合がどれほどであるかを示します。

自己資本比率 ＝ 自己資本 ÷ 総資本 × 100（%）

自己資本比率が高いということは，それだけ負債が少ないことを意味します。負債が多ければ，支払わなければならない利息も多くなりますし，返済期限には巨額の資金を用意しなければなりません。したがって，自己資本比率が高い方が，すなわち負債が少ない方が，経営の安全性は高いといえます。

貸借対照表の借方側と貸方側の関係からみた安全性の指標としては，固定比率と固定長期適合率があります。固定資産は長期に利用される資産なので，固定資産を調達するための資金も長期的な資金でなければなりません。

固定比率は，固定資産を調達するための資金を自己資本でどれだけ賄（まかな）っているかを示す指標です。固定資産は長期にわたって利用する資産であり，それを資金として回収するまでには時間がかかります。したがって，固定資産を取得するための資金は返済義務のない自己資本で賄う方が安全です。固定比率が100%を超えると，すなわち固定資産の方が自己資本より大きい場合には，その超えた部分は負債に頼っているということを意味します。

固定比率 ＝ 固定資産 ÷ 自己資本 × 100（%）

固定資産を自己資本だけでは賄えないとしても，不足は長期の負債で賄えればよいという考えから，固定資産を自己資本と固定負債でどれだけ賄えているかを示す指標として，**固定長期適合率**があります。

固定負債は返済期限が到来するまでにかなりの期間があるので，自己資本に固定負債を加えた長期の資金で長期利用する固定資産を調達していれば，比較的安全といえます。固定長期適合率が100%を超えると流動比率が100%以下であることを意味し，安全性に問題があります。

固定長期適合率 ＝ 固定資産 ÷（固定負債 ＋ 自己資本）× 100（%）

損益計算書の数値を用いた安全性の指標としては，**インタレスト・カバレッジ・レシオ**があります。これは，利息の支払いに充てることができる利益をど

れだけ稼いでいるかを示すものです。すなわち，営業利益に金融収益を加えた事業利益が，金融費用の何倍あるかを示します。

インタレスト・カバレッジ・レシオ ＝（営業利益 ＋ 受取利息・配当金）÷ 支払利息（倍）

設例 補-1の資料に基づいて，自己資本比率等を計算すると次のようになります。

自己資本比率＝自己資本÷総資本×100％＝（100＋200）÷630×100％＝47.6％

固定比率＝固定資産÷自己資本×100％＝230÷300×100％＝76.7％

固定長期適合率＝固定資産÷（固定負債＋自己資本）×100％

＝230÷（180＋300）×100％＝47.9％

インタレスト・カバレッジ・レシオ＝（営業利益＋受取利息・配当金）÷支払利息

＝（800－450－200＋20）÷50＝3.4倍

3　効率性の分析

効率性の分析は，企業が資産をどれほど効率的に活用しているかを分析するものです。資産活用の効率性の総合的な指標は，総資本回転率です。総資本回転率は，総資本を活用してどれだけの売上をあげたかを示します。

総資本回転率 ＝ 売上高 ÷ 平均総資本（回）

総資本回転率は，１会計期間に総資本が何回利用されたか，すなわち総資本の何倍の売上があったかを表します。この回転率が高いほど総資本が有効に活用されたことを意味します。式の分子が売上高という１会計期間のフローの数値であるので，分母も総資本の期末残高ではなく１会計期間の平均総資本を用います。通常，期首と期末の残高を足して２で割ることによって平均値とします。

総資本回転率は資産全体の効率性の指標ですが，個々の資産項目ごとに分解して資産の効率性をみることもできます。

有形固定資産が効率的に活用されているかどうかを測る指標として，有形固定資産回転率があります。**有形固定資産回転率**は，有形固定資産が売上高にどれだけ貢献しているかを示す指標です。有形固定資産回転率が高ければ，それだけ有形固定資産が有効に活用されていることを意味します。しかし，将来のために本来必要な設備投資を抑制しても，有形固定資産回転率が一時的に上昇することもあるので，有形固定資産回転率の評価にあたっては将来を見据えた判断が必要です。

有形固定資産回転率 ＝ 売上高 ÷ 平均有形固定資産（回）

棚卸資産が効率的に活用されているかどうかをみるための指標として，棚卸資産回転率があります。**棚卸資産回転率**は，1会計期間に棚卸資産が何回回転したかを示すもので，回転率が高いほど棚卸資産の在庫期間が短く販売効率が良いことを意味します。

棚卸資産回転率 ＝ 売上原価 ÷ 平均棚卸資産（回）

分子に売上高を用いる場合もありますが，棚卸資産は，通常，原価に基づいて測定されているので，分子も原価ベースの売上原価を用いた方が整合的といえるでしょう。棚卸資産回転率が低下している場合には，在庫水準が過剰であることを意味します。

365日を棚卸資産回転率で割ることによって，棚卸資産が1回転するのに必要な日数（棚卸資産回転日数）が求められます。**棚卸資産回転日数**は，何日分の在庫を抱えているかを示します。

棚卸資産回転日数＝ 365 ÷ 棚卸資産回転率 ＝ 平均棚卸資産 ÷1日当たり売上原価（日）

これらの比率は，時系列の比較や同業他社との比較により，在庫管理の優劣をみるために用いられます。また，子会社の在庫も含めてみる必要があります。

売上債権回転率は，売掛金や受取手形などの売上債権が回収される速度を示すもので，回転率が高いほど回収が早いことを意味します。

売上債権回転率 ＝ 売上高 ÷（売掛金 ＋ 受取手形 ＋ 割引手形）（回）

受取手形のうち割引された部分は受取手形から控除されていますが，いまだ決済されていないので，注記された割引高を分母に加える必要があります。なお，分母は期首と期末の残高の平均を用います。

365日を売上債権回転率で割ると，売上債権が回収されるのに平均何日かかるかを表す**売上債権回転日数**が求められます。

売上債権回転日数 ＝（売掛金 ＋ 受取手形 ＋ 割引手形） ÷ １日当たり売上高（日）

この日数が長すぎると，債権の回収が遅いことから，資金繰りに問題が生じるおそれがあります。

すぐに支払に充てることができる資産としては，流動資産に計上されている現金預金と有価証券があります。これらの合計を手元流動性といいます。手元流動性が多ければ安全性の面からは望ましいですが，多すぎると資金の効率性が悪いということになります。

手元流動性比率 ＝（現金預金 ＋ 有価証券）÷１ヵ月当たり売上高（倍）

手元流動性比率は，企業が月商（１ヵ月当たり売上高）の何倍の手元流動性を維持しているかを示す指標です。この比率が高すぎると，手元にある資金が本来の営業活動には有効に活用されていないことになります。

設例 補-1の資料に基づいて，総資本回転率等を計算すると次のようになります。

総資本回転率＝売上高÷平均総資本＝800÷(570＋630)÷２＝1.33回

固定資産回転率＝売上高÷平均固定資産＝800÷(220＋230)÷２＝3.56回

棚卸資産回転率＝売上原価÷平均棚卸資産＝450÷(190＋200)÷２＝2.31回

棚卸資産回転日数＝平均棚卸資産÷１日当たり売上原価

＝［(190＋200)÷２］÷(450÷365)＝158.2日

売上債権回転率＝売上高÷平均売上債権＝800÷(80＋100)÷２＝8.89回

売上債権回転日数＝平均売上債権÷１日当たり売上高

＝［(80＋100)÷２］÷(800÷365)＝41.１日

手元流動性比率＝(現金預金＋有価証券)÷１ヵ月当たり売上高

＝［(80＋100)÷２］÷(800÷12)＝1.35倍

４　収益性の分析

収益性の分析は，投下された資本からどれだけの利益が生み出されたのか，すなわち資本の利用効率を知るために，［利益÷資本］という計算を行います。この計算に用いられる分子の利益と分母の資本にはさまざまな種類があり，その組み合わせは多様です。分析の目的に応じて適切な組み合わせを選択する必要があります。

企業の収益性の総合的な指標としては，**総資本利益率**（Rate of Return on Investment：ROI）または総資産利益率（Rate of Return on Assets：ROA）があります。自己資本と他人資本を合計した総資本を分母とした場合には，分子には営業活動の成果である営業利益に財務活動の成果である受取利息や配当金を加えた事業利益が一般に用いられます。

総資本事業利益率＝事業利益（営業利益＋受取利息・配当金） ÷平均総資本×100（％）

総資本利益率は，次のように**売上高利益率**と総資本回転率に分解できます。

事業利益		事業利益		売上高
総資本	＝	売上高	×	総資本
（総資本利益率）		（売上高利益率）		（総資本回転率）

売上高利益率 ＝ 利益 ÷ 売上高 × 100（%）

総資本回転率については，すでに効率性の分析のところで説明したので，ここでは売上高利益率について述べます。売上高利益率といっても，分子にどのような利益を用いるかによってさまざまな売上高利益率があります。分子に売上総利益を用いれば売上高総利益率，営業利益を用いれば売上高営業利益率，経常利益を用いれば売上高経常利益率，純利益を用いれば売上高純利益率となります。これらは売上高に対する各種の利益の割合を示す収益性の指標です。

総資本利益率の水準は，売上高利益率と総資本回転率の相乗作用によって決まります。総資本利益率を高めるためには，売上高利益率を高めるか，総資本回転率を高めるか，あるいは両者をともに高めることが必要です。売上高利益率と総資本回転率の関係は業種によってかなり異なります。たとえば，利幅の薄い商品を大量販売するような商業では，売上高利益率は低いが，総資本回転率は高い傾向にあります。これに対して，高価な個別性の高い商品を扱う不動産業では，回転率は低いが，売上高利益率は高いという傾向があります。

総資本利益率が企業全体の収益性の指標であるのに対して，株主にとってのより直接的な収益性の指標が**自己資本利益率**（Rate of Return on Equity：ROE）または株主資本利益率です。自己資本利益率は株主資本がどれだけの利益を上げたのかを測定するため，最終的に株主に帰属する税引後当期純利益を分子に用います。

自己資本利益率（ROE） ＝ 税引後当期純利益 ÷ 平均自己資本 × 100（%）

自己資本利益率は，次のように分解できます。

$$\frac{\text{当期純利益}}{\text{自己資本}} = \frac{\text{当期純利益}}{\text{売上高}} \times \frac{\text{売上高}}{\text{総資本}} \times \frac{\text{総資本}}{\text{自己資本}}$$

（自己資本利益率）　（売上高利益率）　（総資本回転率）（自己資本比率の逆数）

右辺の第３項は，自己資本比率の逆数です。この式からわかるように，総資本に占める自己資本の割合が小さいほど自己資本利益率が高くなります。すなわち，自己資本利益率は，総資本に占める負債の割合を相対的に大きくすることによって高められます。

これは，負債によって調達した資金を活用して負債に対して支払う利息以上に利益を獲得すれば，自己資本利益率が高くなるということを意味しています。たとえば，負債の利子率よりも総資本利益率の方が高ければ，自己資本利益率が高められます。反対に，負債の利子率の方が総資本利益率よりも高ければ，自己資本利益率は低下します。

したがって，負債の利子率よりも総資本利益率の方が高い場合には，負債を増やすことによって自己資本利益率を高めることができるのです。負債の利用をテコとして自己資本利益率を高めることを**財務レバレッジ**といいます。レバレッジとはテコを意味します。しかし，負債への依存度があまりにも大きすぎると，すなわち自己資本比率があまりにも低すぎると，安全性に懸念が生じます。

設例 補-1の資料に基づいて，総資本利益率等を計算すると，次のようになります。

総資本利益率(ROI)＝事業利益÷平均総資本×100％

＝(150＋20)÷(570＋630)÷２×100％＝28.3％

売上高営業利益率＝営業利益÷売上高×100％＝150÷800×100％＝18.75％

自己資本利益率(ROE)＝当期純利益÷平均自己資本×100％

＝120÷(250＋300)÷２×100％＝43.6％

なお，発行済株式数の異なる企業間の比較を可能にするためには，１株当たり情報が有用です。会社計算規則および財務諸表等規則で注記することが要求されている１株当たり情報は，１株当たり当期純利益と１株当たり純資産です。

１株当たり当期純利益（earnings per share：EPS）は，普通株式に係る当期純利益（当期純利益から優先株式に対する配当など普通株主に帰属しない金額を控除したもの）を普通株式の期中平均株式数で割って算定されます。

> 1株当たり当期純利益
> ＝ 普通株式に係る当期純利益 ÷ 普通株式の期中平均発行数
> ＝（損益計算書上の当期純利益 － 普通株主に帰属しない金額）
> ÷（普通株式の期中平均発行済株式数 － 普通株式の期中平均自己株式数）

この1株当たり当期純利益と株価を比較したのが，**株価収益率**（price earnings ratio：PER）です。株価収益率は，株価を1株当たり当期純利益で割って算出されます。株価収益率は，ある企業の株式が1株当たり当期純利益の何倍の株価で取引されているかを示すものです。株式市場が企業の潜在的収益力をどのように評価しているかを判定する指標として用いられます。

> 株価収益率（PER）＝ 株価 ÷ 1株当たり当期純利益（倍）

1株当たり純資産は，貸借対照表上の純資産額を期末時点の発行済株式数で割って算定されます。貸借対照表上の帳簿価額に基づいた純資産額なので，必ずしも株式の実質的な価値を表すものではありません。

> 1株当たり純資産 ＝ 純資産 ÷ 発行済株式数

この1株当たり純資産と株価を比較したのが，**株価純資産倍率**（price to book value ratio：PBR）です。株価純資産倍率は，株価を1株当たり純資産で割って算出されます。株価純資産倍率が1を下回る企業は，株価が相対的に低く評価されているとみなされ，買収の対象とされる場合があります。

> 株価純資産倍率（PBR）＝ 株価 ÷ 1株当たり純資産（倍）

設例 補-1の資料に基づいて１株当たり当期純利益等を計算すると，次のようになります。

１株当たり当期純利益＝当期純利益÷発行済株式数＝120÷100＝1.2

株価収益率（PER）＝株価÷１株当たり当期純利益＝24÷1.2＝20倍

１株当たり純資産＝純資産÷発行済株式数＝300÷100＝３

株価純資産倍率（PBR）＝株価÷１株当たり純資産＝24÷３＝８倍

第３節◆損益分岐点分析

損益分岐点とは，損失と利益が分岐する点，つまり利益がゼロになる状態（たとえば，売上高や販売数量）のことです。損益分岐点売上高が低い場合には，少ない売上高でも黒字を出すことができるため，その事業は比較的余裕があるといえます。反対に，損益分岐点売上高が高い場合には，それを上回る売上高を達成しなければ利益を確保できず，もし実際の売上高がそれを下回ると損失が生じてしまいます。したがって，損益分岐点分析は，企業の安全性を評価する分析手法の１つとして活用されています。

1　損益分岐点の求め方

損益分岐点を算出するためには，まずすべての費用を変動費と固定費に区分する必要があります。**変動費**は，生産量や販売量など企業の操業度の変化に伴って増えたり減ったりする費用です。たとえば，材料費や出来高払いの労務費などが含まれます。**固定費**は，操業度の変化に関係なくかかる費用です。たとえば，設備の減価償却費や土地の賃借料などが含まれます。

ただし，すべての費用が変動費と固定費にはっきりと分けられるわけではありません。

たとえば水道料金や電気料金などのように，操業度がゼロでも基本料金がかかり，その後操業度と比例して料金が増加していく費用もあります。また，人件費にも毎月の固定的な給与部分と残業代や賞与のような変動的な部分があります。

図表 補-1 は，売上高によって表された操業度と費用構成との関係を示したものです。

図表補-1　売上高と費用構成の関係

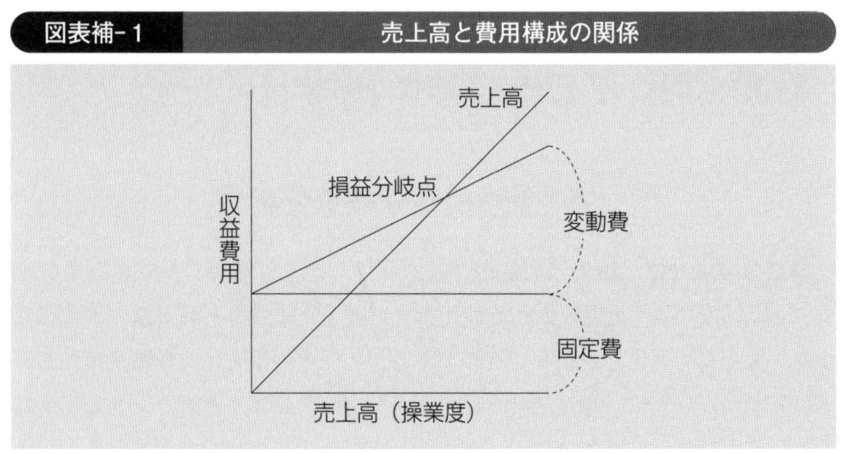

次に，変動費と固定費を使って損益分岐点売上高を計算してみましょう。売上高から変動費を差し引いた金額を限界利益または貢献利益といいます。限界利益から固定費を差し引けば利益が算定されます。

売上高 － 変動費 ＝ 限界利益　　限界利益 － 固定費 ＝ 利益

損益分岐点売上高とは，利益＝0のときの売上高なので，損益分岐点売上高では，限界利益＝固定費となります。

$$限界利益＝売上高 \times \left(1-\frac{変動費}{売上高}\right)＝固定費$$

$\left(1-\frac{変動費}{売上高}\right)$ は**限界利益率**と呼ばれます。したがって，損益分岐点上の売上高は，次のような式によって求められます。

損益分岐点売上高 ＝ 固定費 ÷ 限界利益率

さらに，一定の目標利益を達成するための売上高も，次のように算出することができます。

限界利益 － 固定費 ＝ 目標利益 目標利益達成売上高 ＝（固定費 ＋ 目標利益）÷ 限界利益率

また，損益分岐点売上高と実際の売上高の関係を示す指標として，**損益分岐点比率**があります。

損益分岐点比率 ＝ 損益分岐点売上高 ÷ 実際の売上高

この比率が低ければ，売上高が多少落ち込んでも利益を確保する余裕があります。反対に，この比率が高いと，わずかな売上高の減少で損失が生じるおそれがあります。特に，固定費の割合が高い企業では，少しの売上高の増減によって大きく利益が変動することになります。

固定費の割合の程度により売上高の増減が利益に及ぼす影響も異なります。固定費の割合が大きい場合には，つまり１単位当たりの変動費の割合が小さい場合には，売上高の増減に応じて増減する費用の割合も小さいので，売上高の増減が利益に及ぼす影響は大きくなります。このような固定費の利用をテコにして売上高の増加が利益を大きく伸ばす現象を**営業レバレッジ**（operating leverage）といいます。反対に，固定費の割合が小さい場合には，たとえば売上高が増加してもそれに伴い増加する変動費の割合も大きいので，売上高の増減が利益に及ぼす影響は小さくなります。

２　損益分岐点の計算例

①　もし売上高が200万円，変動費が100万円，固定費が50万円であるならば，上の式に当てはめて次のように計算します。

まず，限界利益率を算出します。すなわち，

$$限界利益率 = 1 - \frac{変動費}{売上高} = 1 - \frac{100万円}{200万円} = 0.5$$となります。

次に，損益分岐点売上高を算出します。すなわち，

損益分岐点売上高＝固定費÷限界利益率＝50万円÷0.5＝100万円となります。

② また，1個当たり売価2,800円，1個当たり変動費1,300円，固定費 15,000円であるとすると，損益分岐点上の売上数量は，次のように計算されます。

まず，損益分岐点売上高を算出します。すなわち，損益分岐点売上高＝固定費÷限界利益率＝15,000円÷$\left(1-\frac{1{,}300円}{2{,}800円}\right)$＝28,000円となります。

次いで，損益分岐点売上高を1個当たり売価2,800円で割ることによって，損益分岐点上の売上数量は28,000円÷2,800円＝10個と算出されます。

③ さらに，売上高に対する変動費の割合が平均60％であり，固定費が700万円であるとした場合に，100万円の利益を出すためには，売上高はいくらなければならないでしょうか。

固定費に目標利益を足した金額を限界利益率で割れば，目標利益を達成するために必要な売上高が算出できます。すなわち，目標利益達成売上高＝(固定費＋目標利益)÷限界利益率＝(700万円＋100万円)÷$\left(1-\frac{60}{100}\right)$＝2,000万円と計算されます。

第4節◆財務諸表分析の限界

これまで，伝統的な財務諸表分析でよく用いられる財務比率等について解説してきましたが，財務諸表分析には次のような限界があります。

第1に，財務諸表に表されているのは，企業活動のうち貨幣額に換算された側面だけです。企業の実力はその他の側面で大きく左右されます。会計では表現できない定性的な要素も企業の評価にとって重要です。したがって，財務諸表の分析や解釈にあたっては，財務諸表に表現されにくい企業の質的な特性を十分に考慮に入れなければなりません。

第2に，財務諸表は基本的に過去の経営成績や財政状態を示しているにすぎ

ません。過去の実績は将来の予測に必ずしも直結するものではありません。財務諸表分析の結果を踏まえて将来の予測を行う際には，この点を十分に留意する必要があります。

第3に，現行の会計制度の下では，複数の会計処理方法が認められています。また，最近では，見積りの占める要素がかなり多くなっています。たとえば，減損会計における将来キャッシュ・フローの見積り，退職給付債務の見積り，繰延税金資産の回収可能性の見積りなど，多くの領域で見積りが必要となってきています。このため，企業間比較を行う際には，会計処理方法の差異や見積りの相違を考慮に入れなければなりません。

第4に，企業は，利益を捻出(ねんしゅつ)したいとか，利益を圧縮したいとか，その時々の状況に応じて財務諸表の数値を調整する場合があります。たとえば，会計処理方法の変更，保有目的の変更，見積りの変更等，会計処理上の調整による場合と，固定資産の売却や設備投資の先送りなど実際の事業活動の調整による場合もあります。財務諸表分析には，このような企業の会計政策を見抜く眼力が求められます。

考えてみよう・調べてみよう

(1) 財務レバレッジと営業レバレッジについて説明しなさい。

(2) 次の資料は，B社の財務記録の一部です。

	X1/12/31	X2/12/31
現金預金	10,000	30,000
売掛金	126,000	72,500
棚卸資産	180,000	200,000
買掛金	90,000	50,000
借入金	60,000	30,000
資本金	400,000	400,000
利益剰余金	101,000	113,500

（補足情報）

1　X2年の棚卸資産回転率は3.6回です。

2　X2年の自己資本純利益率は22％です。

3　X2年の売掛金回転率は9.4回です。

4　X2年の総資本純利益率は10％です。

5　X1年12月31日の総資産は1,000,000円でした。

6　当社の売上はすべて掛けによります。

以下の数値を計算しなさい。

X2年の売上原価＝

X2年の売上高＝

X2年の純利益＝

X2年12月31日の総資産＝

(3) あなたが関心をもつ産業から主要な2社を選んで，両社の財務諸表を比較分析してみましょう。

索　引

【あ　行】

【か　行】

【さ　行】

【た　行】

【な　行】

【は　行】

【ま　行】

【や　行】

【ら　行】

【わ　行】

〔著者略歴〕

田中　建二（たなか　けんじ）

【略　　歴】

1970年　早稲田大学商学部卒業

1976年　早稲田大学大学院商学研究科博士課程単位取得

1991年　日本大学経済学部教授

2004年　早稲田大学大学院ファイナンス研究科教授

2007年　明治大学専門職大学院会計専門職研究科教授（2018年３月まで）

この間，税理士試験委員，企業会計審議会臨時委員，公認会計士試験委員などを歴任

【主要著書】

『オフバランス取引の会計』（同文舘出版，1991年）

『時価会計入門』（中央経済社，1999年）

『金融リスクの会計』（編著，東京経済情報出版，2003年）

『時価会計と減損（第２版）』（共著，中央経済社，2006年）

『金融商品会計』（新世社，2007年）

『体系現代会計学第５巻　企業会計と法制度』（責任編集，中央経済社，2011年）ほか

財務会計入門（第６版）

2007年６月15日　第１版第１刷発行
2008年３月15日　第２版第１刷発行
2010年４月５日　第２版第６刷発行
2011年２月25日　第３版第１刷発行
2014年１月30日　第３版第６刷発行
2015年２月25日　第４版第１刷発行
2017年２月５日　第４版第５刷発行
2018年３月20日　第５版第１刷発行
2020年10月20日　第５版第７刷発行
2021年３月15日　第６版第１刷発行
2021年12月30日　第６版第３刷発行

著　者　田　中　建　二
発行者　山　本　　　継
発行所　㈱中央経済社
発売元　㈱中央経済グループパブリッシング

〒101-0051　東京都千代田区神田神保町1-31-2
電話　03（3293）3371（編集代表）
03（3293）3381（営業代表）
https://www.chuokeizai.co.jp
印刷／三英印刷㈱
製本／誠製本㈱

ISBN978-4-502-37831-7　C3034